マラドーナ！

永遠のサッカー少年“ディエゴ”が話すのを聞いた

マルセロ・ガントマン＋アンドレス・ブルゴ＝編
潤田順一＝訳

Diego Dijo

現代企画室

Diego Dijo

Las mejores 1000 frases del "10" de toda su carrera

マラドーナ！

永遠のサッカー少年“ディエゴ”が話すのを聞いた

Diego Dijo
Las mejores 1000 frases del "10" de toda su carrera
by Marcelo Gantman & Andrés Burgo
Editorial Distal, Buenos Aires, 2005

表紙写真
【表】1986 年メキシコ W 杯準々決勝対イングランド戦、伝説の 5 人抜きゴール。
【裏】同郷人の革命家、チェ・ゲバラのポスターに、ゲバラが好んだ葉巻をくわえながら見入るマラドーナ。

日本語版への序文

ディエゴ・マラドーナの言葉をたぐっていくと、いつも彼がスタート地点に戻っていくのがわかる。それは日本だ。彼のサッカー選手としてのキャリアが日本で始まったわけではない。それはよくわかっている。しかし、初めて世界にその名が轟いたのは間違いなくここであり、その名声が今再び、彼をここに呼び寄せている。19歳の彼がワールドユースを制し、初めてタイトルを獲得したこの国にだ。

私たちは全く想像だにしていなかった。アルゼンチンのマスコミが紙面や画面に何度も何度も再利用してきた、ディエゴ・マラドーナの言葉を集めて作ったこの本が、日本で関心を持たれるなんて。それというのも、あのワールドユースのあと、マラドーナのサッカー選手としてのキャリアはほとんど日本と接点を持つことがなかったからだ。

アルゼンチン人にとって不幸な出来事だとしか言いようのない、あのFIFAワールドカップ2002のとき、私は取材で日本に滞在していた。そして、ある日、アルゼンチン人記者のキャンプに、ディエゴ・マラドーナが間もなく日本にやってくるというニュースが飛び込んできた。いつものように、私たちはてんてこ舞いとなった。でも、まだ詳しい情報は何も届いてこなかった。何日にやってくるのか、何時に到着するのか、どこのホテルに滞在するのか、確かなことはなかなか伝わってこなかった。そして私たちがついに彼の居場所を突き止めたとき、彼はすでに入国していて、大きなホテルのテラスで、当時新しく情熱を注ぐようになっていたスポーツ、ゴルフに興じていた。

日本で開催されたワールドユースにやってきたマラドーナは、サッカー史上最も偉大な選手になるべき若き天才だった。しかし、20数年ぶりにやってきた彼は、葉巻の高級ブランド「Habano」をくゆらせ、ショーツを履き、タトゥーを入れ、ゴルフの麦藁帽を被るマラドーナに姿を変えていた。どちらのマラドーナも、そのときどきの真のマラドーナにほかならないのだ。

マルセロ・ガントマン

ディエゴ・アルマンド・マラドーナはサッカー選手として特別だった。歴史上最も優れた選手であり、もうひとりの天才、ペレと比較することができる唯一の選手である。しかし、サッカーの世界から離れたペレが、静かな生活を送り、愛想がよく、礼儀正しいのとは違って、このアルゼンチン人はとてつもなく騒がしい男だ。

人びとはマラドーナを愛し、そして憎んだ。彼を放っといてくれる場所はなかった。マラドーナはアルゼンチンのみならず、世界のあらゆる国で何百万人という人びとから注目されていた。彼の魔力は、南米から遠く離れた国々の人びとをも魅了し、日本でも彼の人気は高まった。日本はディエゴが素直に祝福の言葉をかけた国であり、同時に、激しく呪った国だ。

マラドーナは、日本で開催された1979年ワールドユースの、あのスタジアムにいたときほどうれしかったことはないと繰りかえした。あのとき彼は純粋で、サッカーの天才以上でも以下でもなかった。しかし、彼が2002年のワールドカップ決勝戦を観るために東京に再びやってきたとき、彼はすでにドラッグ漬けで、生活は乱れ、ひどく太ったディエゴに変わっていた。

彼は通りですれ違った人にも激しい言葉を浴びせるような粗野なディエゴになっていた。世界を敵に回しているようなこのディエゴは、もちろん、日本政府をもひどく批判した。というのも、日本はこのときも、初めは、麻薬の前科を理由に彼の入国を拒んでいたからだ。

この本は、世界のサッカーファンを魅了したディエゴという男の発言を集めたアンソロジーだ。一部は彼の栄光の時代、サッカー選手として比べる者なき時代を築いたときの言葉で、一部はアメリカ合衆国やバチカン、そして政治家や日本政府など、あらゆることについて、あらゆる人を相手に激しい言葉を投げつけていた最も暗い時代のものだ。

マラドーナの人生を考えると、日本は意外に深いつながりを持つ。その日本でこの本が出版されることには深い感慨がある。多くの日本人が、この本で新しい”マラドーナ像”を見つけてくれたらうれしい限りだ。

アンドレス・ブルゴ

目次

「アルゼンチンとサッカーにまつわる10のトピック」

【凡例】

・各章冒頭のノートおよび本文中の訳註は〔　〕で示す。
・ノート下段のアルゼンチンの社会状況などトピックの説明ならびに本文中の人物名の註は、原著編者の協力のもと日本語版で新たに付加したものである。
・その他の原著と日本語版のテキストの異同については、訳者あとがきを参照のこと。

Prólogo／序文

サッカーが中継や録画で膨大な数の画面に何度も再生される現代は、選手たちにより多くのことを要求している。彼らは単にプレーするだけではなく、さまざまなことについて話すことを求められている。誰でも話すだけなら、少なくとも2歳にもなれば話せるわけだが、サッカーの世界で話すということは、とりもなおさず自分の意見を表明することになり、スポーツという信じられないほど巨大な娯楽産業に何らかの影響をもたらすことになる。

サッカーはいつだって誰かがやっているが、いつも試合があるというわけではない。サッカーの試合は90分で、次の試合までに1週間という時間があり、その間はいろいろなところから出される声明や、議論になっていることが伝えられたり、かつてのハイライトシーンが繰り返され、さまざまな人の意見が行きかってサッカーの世界が満たされることになる。

こうしてプレーするだけでなくマスコミに話をする選手は、マスコミに重宝がられる。その選手たちの名前はテレビやラジオのプロデューサーたちの取材メモに派手なマーク付きで書き込まれ、彼らは、日曜日の夜の番組で、その場にふさわしいひと言を付け加えて、勝利の余韻を増幅させたり、敗北の悪い影響に麻酔をかけたりする。

そんな選手たちがインタビューされるとき、彼らは半ば偉そうに、半ばもったいぶって答えている。「ぼくがしゃべるのは木曜日だけなの、知らないの？」何と彼らは話をする日を決めている。でも、それは、別にプレーに悪い影響を与えないためってわけでもない。そうすることで自分のランクを上げようと考えてのことだ。

ディエゴ・マラドーナは上質なサッカーを生み出すすさまじいばかりの製造機だった。彼は多くの人びとの記憶に刻み込まれている、非常に華麗なスタイルの美しいサッカーをした。でも、発言者としての彼は、意外にも辛らつな才能を発揮する人であった。彼には物事を短い言葉に要約する能力があった。ときに皮肉を込め、またあるときは怒りを露にし、だが、ほとんどいつもそれは精確に標的を射抜いた。まさに、困難な状況を易々と打開する彼のサッカー選手としての才能に見劣りしないものだった。

ディエゴはまるでサッカーをするかのように巧みに話す。彼は頭の回転が速く、それを言葉にするのも速い。それゆえアルゼンチンでは、マラドーナ独特な言い回しや比喩の“用語集”が出来上がり、それはすでに学校や職場で世代を超えて人びとの日常会話に定着している。

アルゼンチンでは土曜日の午後、ある種の人びとが街を行きかう。サッカーシューズにソックスを履き、あとで舗道の売店でたらふくビールを流し込む太鼓腹をレプリカユニフォームに包んで、サッカーの試合から帰ってくる人たちだ。そんな服装のバカらしさに気づいていない人たちこそ、マラドーナがこれまでのキャリアの中で発言し、広めてきた言語の複写機である。

マラドーナは選手としての評価を確立したとき、発言でもひとつの人格を築き上げていた。それは'70年代に始まったが、当時は新聞や週刊のスポーツ誌に語ったことが人びとに読まれたわけで、発言したときと、読者が記事を読むまでに少なくとも24時間のタイムラグがあった。しかし'80年代はテレビ放送というメディアが躍進して、テレビ業界が放映権を取得するようになり、マラドーナはテレビ番組表の隅っこの方に登場してきていた。アルゼンチンではそれまでサッカーの試合の放送はなく、夜遅くに録画で一部を見せていただけだったので、彼の発言はさらに多くの人たちに届くようになった。そして'90年代になると、それまでアルゼンチンには存在していなかった、海外で放送された試合を主要なコンテンツとするスポーツ専門チャンネルがたくさん登場してきて、ますますマラドーナはテレビへの露出を増やし、さらに多くの人に見られることとなった。人びとはテレビで見る彼が、まだすごいレベルでサッカーをしていることに驚いた。

マラドーナはちょうどいい時期にそうした時代にぶつかった。そして、彼はメディアをどう利用し、どう歯向かったらいいのかをすぐに理解した。彼にとって、それはピッチの上でどう試合を組み立てるのかということとほとんど同じものだった。テレビ番組の製作者たちは誰もサッカーができそうになかったが、マラドーナは放送の仕組みや決まりをうまく利用した。

2000年代になると、私たちは、かつてのヒット曲を新バージョンにして登場してくる古いロックバンドのようなマラドーナに出会う。彼はその精神状態と同様に、体重も大きく上下させながら、試合のエピソードやピッチ外の出来事、人間関係、そしてロッカールームでの親しい仲間に関する裏話の"カバーバージョン"を繰り返した。マラドーナは自分は密告者ではないと言いながら、実際はそうだった。

マラドーナはあらゆることについて、そしてあらゆる人物について語った。彼はアルゼンチンはもちろんのこと、世界の政治権力者についても言及した。FIFAやAFA、ボカ・ジュニアーズやリバー・プレートについても、言いたくなったらいつでも言った。エアポケットに落ち込んだ飛行機のように、突然ローマ法王から、取るに足らない選手だったトレサニにまで話しが飛んだこともある。

同じテーマのことについても、何年か経つと、ちょっとした新しいデータとか、何か初めて聞くようなニュアンスを交えながら繰り返した。そうした言葉のあるものは、何となくイングランド戦の２本目のゴールに似ているような気もする。何千回と繰り返し聞いても、思わず聞き入ってしまう言葉だからだ。

ここにはディエゴ・マラドーナの1000の言葉が集められている。消費税分も加えてある。おびただしい数の政府要人や権力者などの名前がでてくるため、彼の発言に矛盾していることもあることだろう。

でも、とにかく挑戦してみた。本当に有名な、そしてどうしても捨て去れなかった彼の発言を1000個集めてみた。これらの言葉の中に矛盾したものはないか見ていこう。テレビはこのディエゴの言葉を毎日毎日、利用し続けている。

ディエゴは何度も、尊敬されるに値する人としては絶対やってはいけないことをやってしまったと告白した。つまり、彼がふたつのチームの熱烈なファンだったということだ。インデペンディエンテとボカに対する情熱は、ディエゴのサッカー人生をふたつの時代に分けている。アルゼンチン・サッカーではこれは大罪に当たるのだ。ディエゴはそれをやってしまい、それについて語り、その罪を否定した。そして、否定することもその１ページになった。

ディエゴ・マラドーナが口にした膨大な言葉の中で、最も意味のある、彼らしい言葉を集めていく作業は、魅力的であり、絶対誰かがやらなくてはならないことだと思った。

さあ本は出来上がった。マラドーナの言葉の背後には彼の人生があり、現代の多くのアルゼンチン人の人生が鏡のように映しだされている。私たちの人生のかなりの部分は、マラドーナのサッカーや、彼がそれをどのように語ったかということとつながりを持っている。人びとはディエゴについて語り、ディエゴも人びとに応えた。もちろん彼に反論がきて、ディエゴがまたカウンターアタックに出ることもあった。アルゼンチンではいつもそんな感じで時が流れる。

マルセロ・ガントマン

彼の初めての悪戯は、左手のこぶしでイングランドのゴールキーパーとチュニジア人の審判を騙し、記者たちを混乱に陥れたことだ。マラドーナがまだ言葉ではなく、サッカーで人びとを楽しませていた時代だった。

当時、メキシコW杯取材のために送り込まれていたレポーターにとってはもちろん、一般的にまだ誰も、ディエゴが偉大な“言葉の王”になるなんて思いもよらないことだった。アルゼンチン共和国では、現在も“マラドーナ記念日”となっているあの日の翌日、つまり1986年6月23日の新聞は、イングランドと戦った代表チームを賞賛し、マラドーナの偉業を不滅と書きたてた記事で紙面が埋め尽くされた。しかし、この日の彼の“3つめの作品”はまだこの時点で活字になることはなかった。

『クラリン』紙はそのことを書かなかった。『ラ・ナシオン』紙もそれをまったく報道しなかった。すでに廃刊となっているが、ワールドカップの専属コラムニストとしてちょうどディエゴと契約を結んでいた唯一のメディア『ティエンポ・アルヘンティーノ』紙さえ、その言葉に言及することはなかった。また、その月曜日の夜に30万部を刷った『エル・グラフィコ』誌もそれを掲載しなかったし、テレビも、その後不滅となるディエゴの有名な言葉を取り上げなかった。

手柄を独占したのはセンセーショナルな記事が得意な『クロニカ』紙だった。小さな記事ではあったが、見出しや写真が躍る派手な裏表紙のはじに、ディエゴのそのコメントを載せた。

「誓うよ。シルトンと一緒にジャンプして、ぼくがヘディングしたんだ。問題はゴールキーパーのこぶしがみんなに見えたんで、ややこしくなっちゃった。でも、あれはヘディングでのゴールだ。信じてほしい。額にコブまでできちゃったんだから。つまり、ゴールしたのはマラドーナの頭で、神の手が手伝ったってことだよ」

どのメディアもまだ、このディエゴが、のちにアルゼンチン人の日常会話の中にいつも登場する“言葉”を発案する才能の持ち主だとは察知していなかった。メキシコのジャーナリズムは、中世の“十分の一税”のようなものを主張してもいいかもしれない。それは著作権ではないが、ディエゴの悪戯に場所を提供した者の当然の権利としてだ。

ディエゴは火曜日、『ティエンポ・アルヘンティーノ』紙のコラムを使って、“神”に関する彼のコメントが歪曲されていると反撃を加えた。

「アルゼンチンの新聞ではどう扱われたのか知らないですが、メキシコの新聞では、ぼくが『初めのゴールは“神の手で”入れた』と言ったことになっている。でも、これは全く間違いです。ぼくが言ったのは、ジャンプしたらボールがぼくに当たってきたってことです。それは故意にやったことじゃない。その瞬間は、反対側からシルトンが手を伸ばしてきたのかと思ったくらいでした」

堂々としたものだ。その後に続く言葉がなかったので、あのこぶしはアルゼンチンのファンの空想の産物だったのかもしれない。しかし、彼自身が、そのゴールは神の手でなされたと告げてから、事実それは美しく、力強く、神秘的にイングランドゴールを引き裂いたと感じられるようになった。

マラドーナにはゴールを“製造”する二重の能力があった。ひとつは物理的にもルール上もそれが不可能なときのゴール、そしてもうひとつは、あとでそれに解釈をつけて、言葉で得点することだ。神がゴールを決めて、ディエゴがそれを不滅のものにした。広告の専門家だって、そんなことができるなんて想像すらしなかっただろう。ディエゴはそれを計画し、たったひとりでやってのけた。

神の手はマラドーナの舌のスイッチを入れた。でもそれはまだプロローグだった。コメントや思いつき、そして後に格言となりうる言葉を生み出すディエゴの、自制が効かないほど旺盛な精神の単なるひとつめの作品でしかなかった。

ディエゴの言葉を集めたこのアンソロジーの主旨は、ディエゴが言ったことの矛盾や食い違いを捜し出すことではない。だから互いに矛盾する言葉も除外していない。ディエゴは“コメンテーター”としてデビューして初めの何年かが最も攻撃的であった。すぐにメキシコでの楽しそうな悪ふざけの言葉は姿を消し、いつもディエゴ流で、誇張がひどくなり、何でも決め付けるようになり、そのやり方はどんどんひどくなっていった。

ディエゴの有名な1000の言葉の編纂は4つの軸から成っている。つまり、彼の人生、サッカー、アルゼンチン代表、権力という4つだ。ディエゴの発言を時系列に並べることはしなかった〔日本語版は時系列に並べ替えた〕。私たちが唯一、意図的に操作したことがあったとすれば、ディエゴが頻繁にかかわってきた重要なテーマに沿って言葉をグループ分けすることだけだった。

これから先、長い年月が流れて、マラドーナがプレーするのをもう誰も実際に見たという人がいなくなったとき、誰かがこの本を読み、もし自慢げに「ぼくは聞いたよ、マラドーナが話すのを」と言ってくれたらうれしい限りだ。

アンドレス・ブルゴ

“El 99 por ciento de las cosas que se dicen y se escriben de mí, son mentiras”

(Diego Maradona, 1998)

ぼくについて言われたり書かれたりしていることの99%はウソだ。

（ディエゴ・マラドーナ、1998年）

capítulo 1

La vida

少年マラドーナ　1972年、12歳のマラドーナ。アルヘンティーノス・ジュニアーズの下部チーム『ロス・セボジータス』でプレーしていた。セボジータスとは“小さな玉ネギ”で、実際にサラダによく使われる野菜だ。

第1章

人生

フィオリートの少年から“マラドーナ”へ

ディエゴ・アルマンド・マラドーナは第三世界に生まれた貧しい人びとを代表する人物であり、デビュー後、あっという間に世界的な有名人になった。彼はその急激な変化、新たに訪れたさまざまな誘惑に大きく人生を揺さぶられた。ディエゴはそれまで禁止されていた世界に足を踏み入れ、刺激に幻惑され、結果、選び取ったものの多くは間違ったものだった。そして、彼はある日、全能の神になったような錯覚に陥った。

アルゼンチン代表でディエゴとプレーし、1986年のメキシコW杯では優勝の喜びを共に分かち合い、のちにレアル・マドリードで監督やスポーツ・ディレクターを務めたホルヘ・バルダーノはこう残念がる。

「彼には言ってやるべきだった。ディエゴ、お前は確かにサッカーをする神様だ。でも、お前が神様のように生きられるわけないだろってね。でも実際、それを言ってやれる奴が誰もいなかったんだ」

マラドーナはブエノスアイレス近郊の極貧の地区、ビジャ・フィオリートで生まれた。彼らの家には水道もなければ、豊かさから完全に疎外されて、子どもに教育を受けさせる余裕もなく、暴力と犯罪ばかりがクローズアップされる町だった。

彼の人生の第1章はそんな苦難の環境から始まった。そして突然別の新しい人生が始まる。1979年に日本で開催されたワールドユースが、彼を国際舞台の最も明るいところに押し上げていった。ディエゴは赤貧から贅沢までの過程を一気に飛び越え、まったく準備がないまま新たな環境への適応を強いられることになった。

「キックひとつでフィオリートから世界の頂点にまで駆け上がった。でもそこではひとりですべてやっていかなくちゃならなかった」と、のちに彼自身がしみじみと述懐するように、それは想像を絶する変化だった。

アルゼンチンのサッカーは英雄を必要としていた。人びとはアルゼンチンにはふたつの信仰があると言う。それはカトリックとサッカーだ。マラドーナは注目され、突然、スタジアムには新しい英雄を見ようという観客が大挙して押しかけてきた。ディエゴはもう単なるサッカー選手でいることができなくなり、彼自身がひとつの社会的現象にまで変容していった。

アルゼンチン人たちは当然のことのように、やがて彼をピッチ上だけで評価することに満足しなくなった。好むと好まざるにかかわらず、ディエゴは社会的な存在となり、フィオリートの少年は1日24時間マスコミの標的とされ、人びとはまるで“兄弟”に関心を示すかのように、マラドーナにもねちっこい関心を示すようになった。彼がすることなすこと、すべてが人びとの知るところとなり、もちろん、彼に求められる責任もどんどん大きくなった。

やがて彼は弱小クラブのアルヘンティーノス・ジュニアーズを離れ、アルゼンチンで最も人気のクラブ、ボカ・ジュニアーズに買われていった。彼が21歳のときだった。彼の人気はとどまることを知らなかったが、やはり、名声にはいつも罠が仕掛けられていた。「マラドーナ」でいることは、いつのまにか、彼の望むことではなくなってきた。

「もうサッカーを止めたい」。1981年、マラドーナのこの言葉がアルゼンチン社会を驚かせた。

1983年、執拗に追いかけるアルゼンチンのファンから逃れるように、ディエゴはFCバルセロナに移籍する。バルセロナではケガのため、あまり試合への出場機会はなかったが、この時期が彼にとって非常に重要だった。それは、彼の人生を決定的に変える出来事が起きたからだ。バルセロナに住んで、ある夜、初めての麻薬を経験した。

バルセロナでの生活はあっという間に終わった。1984年、彼はイタリアのナポリに移籍し、ナポリのチームは彼のリーダーシップのもと、革命的ともいえる躍進を遂げる。ディエゴはまた幸福な時期を迎えることができた。しかし、喜びと苦悩は裏腹だった。マラドーナは再び、かつて祖国で経験したようにサッカー選手のひとりでいることにとどまることができなくなり、神様のひとりにまで祭り上げられることになる。ファンはナポリの守護神であるサン・ジョローナの高みにまで彼を引き上げ崇拝した。そしてあの1986年のメキシコW杯での活躍がそれに輪をかけた。人びとはこのアルゼンチン人が世界最高のサッカー選手だと確信するに至った。

名声は彼を翻弄した。彼は権力やお金、女たちに目が眩み、人生をコントロールすることができなくなった。そして、心の中の孤独はどんどん深みに落ちていった。薬物はさらに量を増した。そしてついに、1991年、ドーピング検査で彼はポジティブと判定され、世界に衝撃が走った。しかし、アルゼンチンではディエゴへの異常なまでの共感があったため、ディエゴはまさに悲劇の主人公と扱われ、世界の一般的な反応とは逆に、彼をかばおうとする世論が高揚した。アルゼンチンのファンは逆境の中の彼を溺愛したのだった。

【アルゼンチン社会】

アルゼンチンの人口は3800万人であり、多くの国民はスペイン、イタリアからの移民の子孫である。しかし、19世紀末から第二次世界大戦後にかけては、ヨーロッパの経済情勢の悪化や政治的な迫害があったため、ドイツ、ロシア、ポルトガル、ポーランド、アイルランド、フランス、イングランドなどから多くの移民が新天地を求めてやってきた。アルゼンチン人の苗字が非常に“国際的”であるのも、こうした歴史の結果である。また逆に、多くの国民がヨーロッパに“先祖”を持つことから、アルゼンチンが政治的、経済的な危機に見舞われると、ヨーロッパへ“脱出”していく人も少なくない。とくに1976年から1983年にかけてと、2001年の経済危機のときは、それぞれ数千人といわれるアルゼンチン人がよりよき生活を求めてヨーロッパに渡った。

現在のアルゼンチンの最も深刻な社会問題は経済的格差だろう。最近の統計をみていくと、アルゼンチン国民の34%は貧困層に含まれている。それは標準家庭（夫婦とふたりの子ども）で1ヵ月に250ドル以下の収入しか得ていない人々の割合を示す。さらにその下に、食べることにも窮する12%の極貧層がい

マラドーナは最後のワールドカップとなる1994年のアメリカ大会に向けて練習に打ち込んだ。そして本大会では、第一戦のギリシャ戦、次のナイジェリア戦で素晴らしい活躍を見せた。アルゼンチン国民は絶対的なアイドル、神が再びピッチに帰ってきたかのように感じていた。しかし、ナイジェリア戦のあと、彼が禁止薬物を服用していたことが再び判明してしまった。再犯だったため、FIFAは彼をアメリカ大会から追放し、彼は再び絶望の淵に追いやられた。このときディエゴは「ぼくはどうやって生きていけばいいんだ」と、悲痛な叫びを上げて途方に暮れた。

アルゼンチンでは、町の通りという通りがかつてない悲しみに覆われた。アルゼンチン社会とその偶像的存在との間に横たわる病的ともいえる関係は、これをきっかけにさらに強く、熱く結びついていくのだった。

マラドーナはボカ・ジュニアーズでも再びドーピング検査でポジティブとなったが、アルゼンチンの警察は問題にすることを回避した。ディエゴは引き続き選手としてピッチに立ったが、肥満と疲労、薬物中毒で、サッカー選手としてはもう使い物にならなくなり、1997年10月、永久に現役を引退する日を迎えた。

しかし、それはサッカー選手としての死を意味するだけで、伝説はまだまだ続いた。サッカーを失ったマラドーナは恒久的破壊の段階に入っていった。そして彼の話はどんどん矛盾したものになっていった。ある日あることを話し、次の日にはそれを否定した。そんなとき、マラドーナはオックスフォード大学の『夢の霊感を与えるマエストロ』という先例のない賞を受けることとなり、イングランドに招待されるという栄誉を受けた。彼は礼

るので、早い話、アルゼンチン国民の約半数が経済的困難にあえいでいることになる。また、都市人口の約10%は失業者であり、さらに12%は希望する、または生活するに必要なだけ働けない準失業者だといわれる。しかし一方で、こうした統計にもかかわらず、アルゼンチンは国連が発表した「人間開発指標」で常に中南米のトップを占め、2005年の統計では、この調査に参加した177ヵ国中34番目に位置し、"人間的な生活水準の高い国"とされる57ヵ国の中にも入った。

つまり、ここから読み取れることは、アルゼンチン社会が非常に大きな貧富の差を内包しており、それを解決していくことこそ、今後の大きな政治課題となるということだ。

服を着て授賞式に登場し、普段の緊張から解放されたように、「無知だって責められない場所を、ぼくはこの社会に求めたい」と講演した。

マラドーナの人生はまさに天国と地獄、愛と憎しみ、生と死、歓喜と苦悩、そしてオックスフォードの栄誉と、無知を揶揄する罵声との間を行き来していた。

そして、行き過ぎた放蕩は彼にきっちりと清算を要求してきた。ついに2000年、彼は緊急入院することになる。命が危機に瀕していた。新聞は「神よ、彼にもう一度手を差し伸べてください」という大見出しを載せた。懸命な治療の結果、マラドーナは何とか危機を脱出し、その後、キューバにある中毒患者専門の医療施設に入ることとなった。

だが、それでもマラドーナはコカインを止めることができなかった。彼の命は2004年に再び危険な状況に陥る。彼の家族は予断を許さない状況を理解し、強制的に精神病患者の医療施設に彼を送り込んだ。国民的アイドルは、ついに心を病んだ人びとに囲まれ生活することになった。アルゼンチン人たちは彼のために祈り、多くの人びとが病院をとり囲んだ。

そして、ついに奇跡が起こり、ディエゴは生還した。しかし、ディエゴは日々体重増に悩まされることになり、まもなく130キロを超え、首が見えなくなるほどになった。そして彼は体型の変化に悩み、ついに胃の部分切除という手術をコロンビアで受ける決意をした。

2005年、再び奇跡が起こった。ディエゴは麻薬と縁を切ることができ、5ヵ月で47キロの減量に成功した。マラドーナはかつてのはつらつとした命を取り戻し、再び幸せな人間になって帰ってきた。

01

ぼくの第一の夢はワールドカップでプレーすることだ。

（1970年／彼のチームであるロス・セボジータスが注目され、まだ10歳であったディエゴがテレビ番組でインタビューされた）

02

みんな若い選手は同じことを言う、絶対傲慢な人間なんかにならないって。でもみんな言ってることとやってることが違うよね。ぼくはずっと謙虚な人間でいたいと思う。

（1977年／16歳でアルゼンチン代表にデビューしたあと）

03

もうサッカーはしない。首脳陣は約束を守らないし、ウソばっかりつく記者にはうんざりしてる。もうサッカーはしないよ。

（1980年／ディエゴが19歳のときの言葉。‘79年ワールドユースで優勝し、世界中から注目を浴びる選手となって、有名であることに不満や居心地の悪さを感じ始めていた。そして、アイドルとしての自分を理解するのが難しくなってきた）

04

サッカーで一番好きなものはあのボールだ。それ以外はぼくを疲れさせる。

（1980年／まだプロとしてのキャリアが始まったばかりの20歳のとき）

05

ぼくは疲れている。その疲れが毎日どんどん溜まっていく。もう耐えられないね。サッカーを放り出したいよ。ボカとの契約が終わりになったら、しばらくサッカーを止めたい。

（1981年／まだ21歳だったが、有名であることが彼に重荷になってきた）

06

ぼくは、まだ何も持っていなかったとき、単なる甘えん坊の男の子だった。でも、有名になってからは、そうはいかない。だからアイドルになるのは好きじゃない。

(1981年／精神的な苦悩の始まり。まだ20歳だったが、すでに人生はバラ色ではなくなってきた。1981年、ディエゴは800万ドルでアルヘンティーノス・ジュニアーズから、ビッグクラブのボカ・ジュニアーズに移籍することになった)

07

ぼくは魔法使いじゃないよ。ぼくはフィオリートで生まれたディエゴだ。でも、魔法使いとはフィオリートに住む人びとをさすと言っても間違いじゃない。彼らは1ヵ月を1000ペソ〔ほとんど最低限の生活しか賄えない額〕で暮らしているんだから。

(1984年／フィオリートはディエゴの生まれた町。田舎に住む人たちの貧しい生活を冗談めかして訴えた)

08

ぼくは甘えん坊の少年から、ほとんど非行少年のようになってしまった。

(1985年／問題が彼を取り巻き始めた。彼の名声はもうそんなに美しいものばかりではなくなった)

09

子どもだったから、アルシーナ橋を渡ることはマンハッタンに行くことと同じだった。

(1985年／アルシーナ橋は汚染されたリアチュエロという川にかかり、フィオリートからブエノスアイレスにつながる道にある)

10

サインを頼んできた奴とケンカになって、朝の6時まで独房に入れられた。でも、すぐに収容されている人たちと仲良くなって、ソーセージのサンドイッチを一緒に食べて、誰かがどっかから持ってきたみかんでリフティングをやって、明け方まで楽しんだ。

(1985年／ナポリ時代の逸話)

11

ぼくは誰なんだ？　フィオリート村出身で、1986年のある日の午後、メキシコのアステカ・スタジアムでワールドカップのトロフィを手にして泣いた少年だ。

(1986年)

12

ナンバーワンになることには興味ないね。最悪の中のひとりに入らないことで満足だし、ぼくはそのひとりじゃないのは確かだ。

(1986年／メキシコW杯終了後の謙虚なマラドーナ。史上最高のサッカー選手はペレかディエゴかという論議が沸き起こったとき)

13

ぼくがサッカーをしているのは神様がそれを望んだからで、神様はぼくが生まれるとき才能をたくさん与えてくれた。だからピッチに入るときは十字を切る。それをしないと神様に背いているような気になるんだ。

(1986年／素直な言葉を口にしていた幸せな日々。数年後、こんな言葉は想像もできなくなる)

14

ぼくのことを神様という人に対しては、間違っていると答えるこ

ペレ：1940年ブラジルのトレス・コラソネス生まれ。サッカーの王様といわれ、ワールドカップ史上ただひとり3度の優勝を経験している。地元クラブから15歳のときに名門サントスへ移籍し、16歳で代表デビュー。'58年スウェーデンW杯でブラジルの初優勝に貢献し、'62年チリW杯を連覇、'66年はグループリーグ敗退を喫したが、'70年メキシコW杯で再び栄冠を手にした。

とにしている。ぼくは単なるサッカー選手なんだ。神様は神様で、ディエゴはディエゴ。

（1986年／サッカー選手として最良の時期は謙虚な発言が多い）

15

小さいときぼくの家は穴だらけで、雨になると外より中の方が激しく降った。

（1986年／絶頂期の彼が、貧しかった子ども時代を思い出して）

16

フィオリートでは、お金はときどきなくなっちゃった。でも、幸せは決してなくならなかった。あの時代は本当に幸せだった。

（1986年／貧しい生活をしていた幼い頃を思い出しての言葉。マラドーナの家族は強い愛の絆で結ばれていた）

17

家族と外出することができないよ。靴屋に行くと家族は転びそうになるし、生後間もない娘のイヤリングを買いに行ったときはめちゃめちゃにされてしまった。四方壁に囲まれた家に住み、ナポリにはもう2年いるけど、街のことは何も知らない。

（1987年／有名であることが耐え難くなってきて、“マラドーナ”でいることが嫌になってきた）

18

ぼくの人生だ、ほっといてほしい。誰の模範にもなりたくない。

（1988年／ナポリのトレーニングに何度か参加しなかったとき）

19

ぼくに二言はないよ。

（1989年／意見の一貫性を問われて）

20

そう、ぼくはカベサ・ネグラだよ。何が悪いの？　ぼくは自分の生い立ちを隠したこともないし、こうしたパーティをやったからって誰が悲しむって言うんだ。

（1989年／派手な馬鹿騒ぎの結婚式を批判されて、ディエゴの反論。アルゼンチンでは「貧乏人」を少し差別をこめて“カベサ・ネグラ”と呼ぶことがある。黒い頭という意味だ。ディエゴはわざわざこの言葉を使って、社会に蔓延する差別を告発した）

21

ぼくは脚と戦っているし、気持ちと戦っている。ぼくはワールドカップに行けると思う。

（1994年3月／所属チームもなく、将来もはっきりしないまま、自主トレに励んでいたとき）

22

空から降る雨はいつか必ず止む。でも、ぼくに降る雨は止むことがない。

（1994年／アメリカW杯直前、アルゼンチン代表は調整のために日本代表と東京で試合をする予定だったが、日本政府はディエゴの麻薬歴に言及して彼の入国ビザ発給を拒否した。アルゼンチン代表はディエゴが参加できないならと、来日をキャンセルした）

23

若者たちに出口のないトンネルなんてないことを示したくて、ぼくはここにいる。

（1994年6月21日／ギリシャ戦を4－0で勝ったあと。ディエゴは完璧なプレーを見せて、ワールドカップ最後となるゴールを決めた）

24

ぼくは人生でこれから何をしたらいいのかわからない。

（1994年7月1日／アルゼンチン－ナイジェリア戦のドーピング検査でワールドカップから追放され、絶望の淵から）

25

生きる励みになるものがなにもない。

(1994年9月／ワールドカップから追放されて3ヵ月後。スキャンダルまみれとなり悲嘆に暮れて)

26

ワールドカップでは、ぼくは脚を切られる思いだと言った。でも今はもう体を切られる思いだ。自分が空っぽになった感じで、自分がどこにいるのか、娘たちがどこにいるのかもわからない。彼らはせっかく修理した玩具を取り上げた。

(1994年9月)

27

ラシンでクラシコを戦い、ルリ・リオスと対決するために現役に戻りたい。そこでゴールして、フリオ・グロンドーナやフランシスコ・ラモリーナに向かって叫んでやりたい。

(1995年／インデペンディエンテもラシンもブエノスアイレスに近い同じアベジャネーダという工業都市のクラブ。ディエゴはラシン・クラブで短い期間だったが監督を務め、辞めた後、またボカ・ジュニアーズで現役復帰した。その間、5ヵ月にわたって所属クラブがなく、彼は大きな不安を抱え、恨みを爆発させられる敵を探していた。この時期、一番標的にされたのはアルゼンチン・サッカー協会（AFA）会長のフリオ・グロンドーナと審判のフランシスコ・ラモリーナだった。ルリ・リオスは別にディエゴの恨みを買っていたわけではなかった)

28

ぼくは夢を売っている。

(1995年／アメリカW杯で受けた出場停止処分が解けて、マラドーナはボカ・ジュニアーズに戻ってきた。彼は相変わらずアルゼンチン社会に強い影

ルリ・リオス：1963年ブエノスアイレス県に生まれる。'80年代から'90年代にかけてインデペンディエンテ・デ・アベジャネーダのディフェンダー。代表経験はないが、マラドーナがラシン・デ・アベジャネーダの監督を務めていたとき、同じ街のライバル、インデペンディエンテ・デ・アベジャネーダの監督だった。

響力を持ち、アルゼンチン人は彼に夢のあるサッカーを期待していた)

29

もしフィオリートをひと言で表現するなら、それは戦いかな。

(1995年／ビジャ・フィオリートはマラドーナの育った町。生き残るためのお金を稼ぐのが難しい正直者たちが住む地区だ。当然、犯罪も多く、特に夜は危険な町となるが、住人の多くは、マラドーナの家族のように、正直者で高潔な人たちである。マラドーナが“戦い”と言ったのは、子どもの頃の生活の厳しさを表現したものだ)

30

無知だって責められない場所を、ぼくはこの社会に求めたい。

(1995年／オックスフォード大学から“夢の霊感を与えるマエストロ”の賞を受けて)

31

ぼくはケネディになった気分、ゴルバチョフになった気分でそこに立っていた。

(1995年／イングランドでの受賞の翌日)

32

手を上げてくる奴らを殴るのは好きだ。でも手を下ろしている人には援助の手を差し伸べたい。

(1995年／無防備の人を攻撃するべきじゃないという彼の主張)

33

短髪の奴らに逆らって、ぼくは髪の毛の一部を金髪に染めてやった。

(1995年／選手は髪の毛を短くするべきだと言ったダニエル・パサレラ監督と意見を異にして)

ダニエル・パサレラ：1954年ブエノスアイレス県に生まれる。リバー・プレートのディフェンダーとして活躍。'70年代から'80年代初頭にかけてイタリアのフィオレンティーナでプレー。'78年アルゼンチンW杯ではキャプテンとしてチームを優勝に導き、'98年フランスW杯ではアルゼンチン代表監督を務めた。

34

ぼくはあまりに急いで成熟を経験した。

(1995年／マラドーナがプリメラ・ディビシオン〔トップリーグ〕にデビューしたのは15歳のときで、すぐに、理性の足らないこの国のサッカーファンから大きな期待をかけられるようになった。ディエゴは思春期のほんのわずかの間に非常に多くのことを経験した)

35

ぼくたちは“通りの子どもたち”だったわけじゃない。空き地の子どもたちだ。

(1996年／実際、アルゼンチンでは街の通りでもサッカーをする子どもたちがたくさんいる。しかし、ディエゴはいわゆるストリート・チルドレンを連想させるこの言葉じゃなくて、“空き地の子どもたち”という言葉を好んだ。アルゼンチンでは田舎だろうが都会だろうが、ほとんどの子どもがこの“空き地”でサッカーを覚える)

36

みんなぼくを利用した。

(1996年／寄生虫のように彼の周りに棲息していた人たちに気づいて)

37

ぼくはジョン・レノンの二の舞にはなりたくない。

(1996年／殺すという脅迫を受けて)

38

ピンボールのタマは2発だよね。ぼくはもう2発使っちゃった。

(1996年／無気力な日々の中で)

39

死んでもぼくには平穏な暮らしはないだろう。彼らは生きたぼくを利用しているし、死んでも利用しようとするだろう。

(1996年)

40

やる気が全然出ない。床を這いつくばるような気分だ。

（1996年／絶望と悲嘆に暮れて）

41

ぼくは5－0で負けていて残り時間は2分だ。おまけに審判はカストリーニときている。

（1996年／彼の人生が追い詰められた瞬間をサッカーの試合に喩えた。カストリーニは何回もディエゴを退場にしている審判だ）

42

みんなはサッカー選手のマラドーナについて話しているけど、ぼくがもう練習場よりベッドの近くにいるのを気づいてない。

（1996年／もう引退間際のディエゴの言葉。乱脈な生活で練習に耐える体を失っていた）

43

先日ちょっとサッカーをしたんだけど、身分証明書の写真より脚が短くなっているような気がしたよ。

（1997年／サッカー選手として彼の最後の年。身分証明書の写真に脚はもちろん写っていないが、彼は体力の衰えを言いたかった）

44

ぼくの自己評価はすごく高いよ。

（1997年／気分が変わりやすい日々が続く）

45

ぼくが髭づらとホットラインでつながっているのは確かだ。

（1997年／幸福な気分の日。髭づらはキリストのことで、いつも自分にはキリストの救いがあることを言いたくて）

46
もう一度サッカー選手に戻るかって？　ぼくは家にさえ帰れないんだよ。

（1997年／現役復帰を考えていると言われていたころに、夫婦喧嘩している状況と重ね合わせてこう答えた）

47
ぼくの渾名の中で一番好きなのは“ペルーサ”〔頭髪の多い子どもへの愛称〕ってやつかな。だって、そう呼ばれると子どもの頃に戻ったような気がするんだ。フィオリートのことや、サトウキビのアーチ、セボジータスのことや、サンドイッチやコカコーラをもらうためのサッカーを思い出す。あの頃、ぼくはもっと純粋だった。

（1998年／人生が問題だらけだった時期、ディエゴは幸せだった幼い頃を懐かしく思い返した。ディエゴはこの他に“10番のチビ”“ディエゴール”などと呼ばれていたが、初めの渾名の“ペルーサ”が好きだった。それは、最も彼が幸せを感じていた頃の渾名だったからだ。サトウキビのアーチは自分たちで作った小さなゴール枠のこと。セボジータスは彼の初めてのチームで、アルヘンティーノス・ジュニアーズの下部チーム）

48
もしまたクスリをやっちゃったら、天国でファン・マヌエル・ファンヒオやカルロス・ガルデルとトリオを組もうと思う。

（2000年／ファンヒオはF1を5連覇したアルゼンチンの英雄、ガルデルは国民的歌手。またクスリをやったら死ぬかもというディエゴの自覚）

49
薄切りにされた心臓をカラーで見た。

（2000年／ディエゴの心臓が本来の40％しか機能していないと医師に言われて）

50
貧しいことが辛いっていうのはわかっている。でも有名なのもけっこう辛いもんだ。

（2000年／通りで貧しい子供がお金をせびったときのセリフ。有名になってから彼の人生に悪い奴らが入り込んできたことを言いたくて）

51

キューバでぼくはカンフーよりひとりぼっちだ。

（2000年／薬物中毒の治療でキューバの病院に入っていたとき。カンフーは当時の人気テレビドラマの主人公のことで、彼の役柄は中国を不法出国して、アメリカを孤独に放浪するという設定だった）

52

20世紀最高のサッカー選手に選ばれるってことは、この両手で天国を掴むような感じだ。

（2000年／FIFAが選ぶ20世紀最高の選手にペレとともに選ばれて）

53

キックひとつでフィオリートから世界の頂点にまで駆け上がった。でもそこではひとりですべてやっていかなくちゃならなかった。

（2000年／フィオリートはディエゴの故郷。ブエノスアイレス郊外にあり、貧しさと高い失業率で知られている）

54

天国ではきれいなことが一杯ある。エルビスのコンサートに行くこともあれば、ペロンと話しをする時間もあるはずだ。

（2000年／薬物の過剰摂取でブエノスアイレスの病院に収容されて。ペロンは大衆に人気のあったアルゼンチン元大統領）

55

サリックに何も文句はないよ。でも自殺する人は臆病者だ。ぼくだったら自殺するより、誰かに殺されたい。ぼくは意気地があるから自殺なんてしないよ。人生で面倒なことを避けていたら、結局、つまらない人間になってしまうからね。

(2000年4月11日／サン・ロレンソ・デ・アルマグロのミルコ・サリックが自殺した。彼は才能豊かで、多くのファンから将来を嘱望されていたが、ある朝、自ら命を絶った。ディエゴは事の重大さがわからないまま、無神経なことを口にした)

56

ぼくが治療を受けているところの専門家たちが、自殺する人は臆病者だって言ってたんだ。だからひどいことを言っちゃった。サリックの家族に膝まづいて許しを請うべきだというなら、そうします。

(2000年4月17日／若いサッカー選手の自殺について無神経な発言をした数日後、マラドーナは彼の家族に許しを請うた。ディエゴを治療していたカウンセラーたちが、自らの手で命を絶つことは、困難に見舞われた人生を乗り切る勇気を持とうとしないことだと言っていた事情を説明し、無神経な発言の言い訳をした。ディエゴ自身、この時期は自ら招いた不幸のどん底にいて、彼を治療していたカウンセラーたちは、ディエゴが最悪の決断をするのではないかと恐れていたようだ)

57

ぼくが死にかけていたとき、何人もの人が、退院したらビエルサと交代だとぼくに電話してきた。でも、実際に退院したらもう何にも言ってこない。ぼくはずいぶんとマヌケだけど、死ななかった。

(2000年／麻薬中毒による心臓の機能低下で、ディエゴがある病院に入院していたとき、AFAがある噂を流したとされる。それによると、ディエゴは退院したらマルセロ・ビエルサに替わって代表監督になるとのことだった。きっとディエゴを元気づけるための噂だったのだろうが、ディエゴはその話を真に受けていた)

58

それはコップの中の嵐だ。

ミルコ・サリック：1978年ブエノスアイレス生まれ。サン・ロレンソ・デ・アルマグロに在籍し、将来を期待された選手だった。2000年にブエノスアイレスで自殺。恋人が去った悲しみに耐えられず死を選んだといわれている。まだ22歳だった。

（2001年／ローマに着くと、イタリア財務省から2500万ドルの税滞納があると指摘され）

59
脚の悪い人たちのレースに出て4位だった。
（2001年／体調不良を認めて）

60
ぼくは間違って、そして報いを受けた。でもサッカーボールは汚れていない。
（2001年／彼は記念試合を終えて、ボカのスタジアム中央で6万人のファンを前に挨拶した。ディエゴは自分の間違いを認め、ファンは涙を流した）

61
元気かって？　ウン、元気だよ、……元気に太っている。
（2002年／彼の体重が100キロを超えて）

62
ぼくがアルゼンチン史上最高の選手だったかどうかはわからない。でも人びとの気持ちを誰よりも理解した選手だったことは確かだ。
（2002年／多くのアルゼンチンの、そして南米のサッカーファンは彼の貧しい生い立ちに共感を持っていた）

63
もうぼくはサッカーができない。ぼくがボールみたいになっちゃった。
（2003年／自らの肥満を嘆いて）

64
ぼくはビーチボールみたいだね。
（2003年／体重が100キロをはるかに超えて）

65

ぼくはブエノスアイレスの“プライベート”地区で育った……。水もプライベートだったし、電気も電話もそうだった。

（2004年／飲み水にも苦労した子ども時代を思い出して）

66

アルヘンティーノス・ジュニアーズの下のチームにいたとき、ぼくは仕事をしていた。消毒屋だった。作業服を着て、その上を防護服で頭からすっぽり覆い、どの建物に行けばいいのか教えてもらって、消毒しに行っていたんだ。

（2004年／記者たちがディエゴにサッカー選手以外の仕事をしたことがあるかと訊いたとき、害虫や微生物を駆除する消毒屋をやっていたと答えた。たぶん、まだプリメラ・ディビシオンにデビューする前の、15歳の頃のことだと推測できる）

67

何をやったらいいのかわからない。15分先のこともわからない。ぼくが明日何をしたらいいのか、どうやったらわかるんだ？

（2004年／彼が心身ともに最も混沌としていた年。いくつもの病院に入院を繰り返していた。ある日記者に、明日テレビ番組に出演するかと聞かれて）

68

病院ではみんな頭が狂ってる。ある者はロビンソー・クルーソーの実在を信じているし、ある者は自分をナポレオンだと思っている。だけど、ここでは誰もぼくがマラドーナだってことは信じていない。

（2004年／薬物から遠ざかるために、家族は本人の意思に反して精神病院に入院させた）

69

狂気は恐ろしいことだ。病院でぼくは『カッコーの巣の上で』のジャック・ニコルソンになった気がした。

（2004 年／精神病院で）

70
ぼくは初めて眩しいほどに明るい気分で誕生日を迎えた。

（2005 年／マラドーナは薬物を止め、5 ヵ月で 47 キロの減量に成功した）

71
命がぼくにリベンジを果たした。

（2005 年／すでに薬物から遠ざかり）

72
もう夜遊びはしない。もしやったらぼくは死ぬ。

（2005 年／放蕩の生活から抜け出し）

73
何年もの間、ぼくは身を持ち崩していた。大事なことから遠ざかり、病気をしたり……。人生はぼくの脇を通り抜けていってしまった。今、ぼくは思うんだ、もうこれ以上失いたくないって。

（2005 年／健康な新しい生活を祝って）

74
ぼくは信じられないよ。人びとが通りでぼくのことを神様だと言うんだ。そんなことはありえない。神様はひとりなんだ。

（2005 年／人気を喜んでいるディエゴ。国民が彼を神のように崇拝していることは確かだが、彼が通りをひとりで歩くようなことはありえない）

capítulo 2

La familia

家族　妻クラウディア、長女ダルマ、次女ジャニンナと外出する幸せそうなマラドーナ。彼にとって悲劇となった1994年アメリカW杯の直前の写真である。

第2章 家族

アルゼンチンの下層階層ではよくあることだが、ディエゴ・アルマンド・マラドーナも大家族で生まれ育った。“ラ・トタ”という愛称で知られる母親のダルマ・サルバドーラ・フランコ・デ・マラドーナと、ドン・ディエゴの名で親しまれる父親のディエゴとの間に生まれた子供は8人いる。5人の娘と3人の息子だ。

ディエゴはブエノスアイレス郊外の貧困の町、ビジャ・フィオリートで子ども時代を過ごした。貧しさは慢性的で悲惨だった。2部屋の家に10人家族が住み、ディエゴが2003年に「お袋がお腹が痛いと言っていたのは、子どものために自分は何も食べなかったからだった。それがわかったのはずいぶん経ってからだよ」と回顧したように、その生活はとても苦しかった。しかし、マラドーナの家にはお金はなかったが、愛が溢れていた。彼の両親は中等教育すら受けていなかったが、善人で、正直で、働き者であった。そして、ディエゴがある日突然、家族みんなを貧しさから救い出すこととなった。

1976年、ディエゴが初めて所属したプロのクラブ、アルヘンティーノス・ジュニアーズは、彼の家族全員のためにもっと便利なラ・パテルナルに家を借りた。もうそこはブエノスアイレスの市内で、いわゆる中流の人たちが住む地区だった。通りはアスファルトで舗装され、電気が使え、暖房もあり、電話もあった。フィオリートにはなかった快適さがそこにはあった。そして、彼の新しい家の前にはひとりの少女、ディエゴの生涯の女性となるクラウディア・ビジャファーニェが住んでいた。

ふたりはまだ幼いときから恋人として互いに意識し、後にふたりの娘を授かって家庭を築いた。このふたりがディエゴに認知された子どもだ。長女の

【アルゼンチンの経済危機】

アルゼンチンは、周辺国であるチリやウルグアイと共に、世界に先駆けて1970年代に新自由主義的改革が行なわれたことで知られている。アルゼンチンの場合は、1976年の第一次改革に続けて、1992年に第二次改革に着手されており、二度にわたって改革が実施された点が際立っている。

第一次改革が行なわれたのは、成立したばかりの軍事政権下においてであった。国際通貨基金（IMF）の指導に基づいて、まず、通貨の大幅切り下げ、物価統制の撤廃、名目賃金の凍結などの安定化政策が実施された。そのうえで、労働運動を弾圧して雇用形態の柔軟化を図る（実質賃金の大幅切り下げ、公務員削減など）ほか、貿易自由化、金融と資本の自由化などが断行された。

新自由主義政策が採用されるどこにおいても見られることだが、巨額の外国資金が流入し、消費財部門や建設業などの非貿易部門は投機的なブームに沸いて、現象的にはいかにも経済全体の底上げができたように見える。しかし、外国資金は対外債務として後世の民衆の上に重くのしかかるほか、所得分配の悪化、雇用や社会保障制度の弱体化に伴なう社会・経済的構造の劣化が著しくなることは避けられない。人間が、それ

ダルマ・ネレアは1987年に、次女のジャニンナ・ディノラは1989年に生まれた。ふたりともブエノスアイレス生まれだ。結婚式は1989年9月、ジャニンナが生まれてからブエノスアイレスで開かれた。豪華な式は100万ドル以上かかったという。結婚式は13年の愛を実らせたものであり、幸せなるときも困難なるときも、あらゆる時期を乗り越えて到達したものであった。

マラドーナは周期的に不安に襲われたが、ふたりの娘たちが精神的支えとなった。「もしダルマとジャニンナがいなかったら、首をくくっていただろう」という彼の言葉が、それを裏付けている。またビジャ・フィオリートの家族の結びつきも決してひびが入るようなことはなかった。コカインのスキャンダルを聞いても、息子がいくら間違ったことをしても、ディエゴの両親と妻は防弾チョッキのように愛で彼を包んだ。母のトタと父のドン・ディエゴは困難な状況でも変わりない無条件の愛を注いだ。このような大きな愛と忍耐で結ばれた家族がいなかったら、ディエゴの現在はもっと違ったものになっていただろう。中毒症状を克服した2005年の「これは奇跡じゃない。娘たちや、クラウディアや、両親たちの愛の力だ。ぼくが死にかけていたとき、彼らはベッドのそばにずっといてくれた」という言葉こそ、彼がいかに大きな家族愛に包まれていたかの証しであった。

しかし、実際は、ディエゴの子どもはダルマとジャニンナだけではない。少なくともディエゴにはイタリアの裁判所が認めたもうひとりの子どもがいる。彼の名はディエゴ・アルマンド・ジュニアだ。母親のクリスティナ・シナグラがディエゴ側の苗字だけをとってこの子に名付けた。

なくしては本来生きることのできない「連帯・参加・協働」の原理ではなく、「分断・対立・競争」の原理に貫かれる社会として純化していくからである。

もちろん、輸入競争に敗北した製造業の縮小など経済的な影響も出始める。こうして、1980年から1982年にかけて、アルゼンチンは波状的な通貨危機に見舞われたのである。1990年代初頭に行なわれた第二次改革では、前回と同じ改革が再度試みられたほか、公営部門の私企業化も大規模に行なわれた。そこで集積した矛盾が、2001年末以降の、再度の通貨危機、預金封鎖、反政府暴動、政権崩壊、対外債務支払い停止、通貨大幅切り下げなどの一連の危機に繋がった。**【以上は、内橋克人ほか編『ラテン・アメリカは警告する』（新評論、2005）所収の佐野誠論文に拠るところが大きい】**

5年有余におよぶ小泉政権の下で新自由主義的改革が進められてきた日本に現われている社会的・経済的現実や、この「改革」路線が米国からの強力な働きかけもあって実施されていることを考え合わせれば、アルゼンチンに限らずラテンアメリカ全域に起こっていた事態が、決して日本と無関係なものではないことが分かるだろう。

彼女とディエゴの愛人関係はナポリで進展した。ジュニアは1986年の暮れに生まれたが、ディエゴはいつも彼女の貞操観念を疑っていた。ジュニアは半ば無防備で見捨てられた環境で育った。科学的に確認された彼の息子へのこの拒絶は、たぶん、彼の生涯で最も非難されるべき間違いになることだろう。

ディエゴと娘たちとの間にある愛情はほとんど牧歌的恋愛感情と言えるほど親密で、最近それはとみに強まった。ダルマとジャニンナは現在、若く愛らしく、父親を尊敬するとても知的な女性に成長した。ディエゴは彼女たちを溺愛し、「ぼくの人生で最も好きなもの」と頻繁に口にしている。一方、クラウディアとの夫婦関係は終わりを迎えた。ディエゴの度重なる浮気で疲れ果て、クラウディアが離婚を申し出て、2004年、離婚は成立した。

しかし、離婚したものの、クラウディアとディエゴは毎日のように顔を合わせている。というのも、クラウディアが相変わらずマラドーナの金銭面とビジネスを取り仕切っているからだ。ディエゴは最近まで彼に仕えていた代理人たちを、横領したとして告訴しており、信じられる人間はもうクラウディアしかいない。彼女は非常にしっかりした女性であり、2005年にディエゴがホストとなり、視聴率の新記録を塗りかえたテレビ番組のジェネラル・プロデューサーとしても手腕を発揮した。

とにかく、もうふたりは一緒に住んでいない。ディエゴは若者のように、ブエノスアイレスの両親の家に戻った。ヨーロッパのクラブに移籍するまで住んでいた、懐かしい家だ。ディエゴは今、実際に自分が21歳まで使っていた部屋で生活している。

01

ぼくが唯一望むことは、親父がもう働かなくてよくなることだ。

(1976年／アルゼンチン一部リーグ、プリメラ・ディビシオンにデビューして何日か後)

02

女の子と外出すると、誰かが2キロくらい向こうから写真を撮っているんだ。

(1985年／有名になると世間が彼の思惑と違った姿を見せ始める。だがまだディエゴはそれを理解していなかった)

03

ゴールを挙げたときは、トタのことだけ考える。

(1986年／母親に対する愛と感謝)

04

みんなが驚いてワールドカップでのぼくの活躍を話すんだ。お袋までが電話してきて、「息子よ、あんなに上手くサッカーができるなんて、お前は何を食べているんだ」って訊くんだよ。

(1986年／メキシコで、マラドーナの最も幸せな日々)

05

この15日間、眠れないでいる。隠し子がいるって作り話で眠れなくなった。ぼくは女ったらしって言われても、放蕩者って言われても、何て言われてもかまわない。でも息子をでっち上げる話だけは耐えられない。

(1986年11月／当時、秘密の存在だったクリスティナ・シナグラがディエゴの息子を出産したと発表した。彼にとって初めての大きなスキャンダルだった)

06

父親になるって何なんだ？　ぼくは信じられないほど親馬鹿に

なった。娘がちょっとでも音をたてたら、ペナルティエリアに切れ込んでいくときのように思い切ってダッシュして娘のところまで行っちゃうんだ。

（1987 年／長女のダルマが生まれて）

07

結婚式をどう準備するかって？　この４ヵ月イライラして爪ばかり噛んでいる。だから、ぼくはクラウディアと娘たちに約束したんだ。「結婚式には普通の人のようにちゃんと爪をきれいに切って出るよ」ってね。ぼくはちゃんと約束を守る人間だ。

（1989 年）

08

結婚式で使ったお金は計算したくないね。したら卒倒しちゃうかもしれないから。

（1989 年／派手な結婚式は一説では 100 万ドルかかったという）

09

ぼくの娘たちは一生キャビアを食べて暮らすんだろう。

（1989 年／発言が世間を騒がせ始めた頃のもの。アルゼンチンでは彼を“成金”だと冷ややかに扱った）

10

妻から逃げたら、こうなっちゃった。

（1991 年／ブエノスアイレスのとある建物で、ひどい薬物中毒状態で警察に逮捕された）

11

もしダルマとジャニンナがいなかったら、ぼくは首をつっていたよ。

（1994 年／日本政府は彼に麻薬の前歴があるため入国ビザ発給を拒否した。アルゼンチン代表はワールドカップに向けた調整のため東京で日本代表と親

善試合をする予定だったが、日本政府に反発して来日を取りやめた)

12

みんながぼくを悪く言うんで、トタはフリーキックのときみたいにぼくの回りに“壁”を作ってくれた。

(1995年/批判に晒された自分をかばう母親に感謝して)

13

ダルマとジャンニナにかけてそれを誓うよ。ふたりはぼくにとって世界で一番大事なものさ。

(1995年/ディエゴは何百回とこの言葉を使い、アルゼンチンの人びとは面白がってこれを流行らせた)

14

ダルマはぼくに言うんだ。「パパ、もうアメリカ人は好きじゃない」

(1995年/8歳になった長女の政治的発言に驚き、喜んだディエゴ)

15

今晩魔女と試合するんだ。捕まえたところで予防注射してやる。

(1995年/“予防注射”や“試合”はディエゴが好んだセクシュアルな隠語。“魔女”は彼の妻のことで、愛情とあきらめが半々といった気持ちが込められている)

16

もしクラウディアの裸を撮ったら、彼女を殺す。彼女はもうクラウディア・ビジャファーニェじゃなくてクラウディア・ビジャファーニェ・デ・マラドーナだ。わかったか!

(1996年/クラウディアを狙うカメラマンが増えて。彼女がすでにマラドーナ夫人なんだということを、南米独特の結婚したときの苗字の付け方を示して強く警告した)

17

ジャニンナがぼくに言うんだ。「パピー、いつになったらビデオみたいにサッカーするの」ってね。気持ちが萎えたよ。大事な脚を切られる思いだった。

（1996年／次女のジャニンナが生まれたのは1989年。彼女は父の偉大さをニュースや新聞のスクラップ、ビデオでしか知らない）

18

ぼくは親父といい関係じゃなかった。それが魂のどこかで後悔となっている。

（1996年／父親と気持ちが疎遠になってきたことを悔やんで）

19

サンチェス！　お願いだから試合を終わりにしてくれ。ダルマとジャニンナのためにもお願いだよ！

（1996年／交替してベンチに下がっていたディエゴが、審判のアンヘル・サンチェスに大声で訴えた。試合はボカがロサリオ・セントラルに１点リードしていた）

20

父親に余計な手出しをしたら、ぼくは有り金をはたいて手榴弾を買ってやる。

（1997年／彼の父親のあやまった訃報が流れたとき）

21

ボーイフレンドがぼくの娘たちを２度、３度と泣かせたら、きっと彼らは事故に巻き込まれるさ。

（1998年／娘たちが思春期を迎えて、ディエゴは父親として心配でならなかった。脅迫というよりユーモアが感じられる）

22

ぼくが認知した子どもはダルマとジャニンナだ。それ以外はお金欲しさか、何かの間違いだ。子どもはふたりの合意で作るものだ。夫婦じゃないのに作ったり、誰かを監獄に放り込むためのものじゃない。教会のお説教みたいな判決は迷惑だ。

(1999年／ナポリ時代の愛人であるイタリア人女性クリスティナ・シナグラとの間にできた息子、ディエゴ・アルマンド・ジュニアをディエゴははっきりと否認した。だが裁判所は彼の息子と認め、マラドーナに月々の支払いを命じた)

23

もしぼくに息子がいたら、セナにちなんでアイルトンという名前を付けるよ。

(1999年／F1の伝説のヒーロー、アイルトン・セナへの憧憬)

24

子どもはふたりの合意で作るものだ。ぼくにはふたりの娘がいる。ダルマとジャニンナだ。誰がなんと言おうと、それが判事だろうが、弁護士だろうが、船乗りであろうが、娼婦であろうが、このふたりだけだ。ダルマとジャニンナを生むときはクラウディアと話して作った。だから誰であれ「あなたの息子がいます」なんて、ぼくに言いに来ることはできない。世の中には金ほしさに子どもをほしがる女がいるって？　じゃあ仕方ない。ぼくはお金を払うために働きましょう。彼女は放蕩女さ。あんたとだって息子を作るだろうし、誰とだってやるんだ。精子銀行だってあるっていうじゃないか。もし、ある朝、息子だというのが会いに来たら、ツバをかけてやる。

(2000年／再びディエゴ・アルマンド・ジュニアが自分の息子ではないと否定した)

25

娘たちの学校が“最優秀父親賞”をくれたらいいんだけど。もうスポーツの優秀選手賞なんて興味がなくなっちゃった。

(2000 年／FIFA が 20 世紀最高のサッカー選手として彼を選んだとき)

26

もし“魔女”に家から追い出されたら、ぼくはボカのスタジアムに来て観覧席で寝るよ。

(2000 年／夫婦の危機が囁かれていた最中、ボカの試合をスタジアムに見にきたときの発言。“魔女”は妻のクラウディアのこと)

27

ぼくは娘たちが大好きだ。目に入れても痛くない。ダルマはキューバでぼくと 1 週間一緒だった。まるでハネムーンのような気分だったよ。

(2001 年／長女がキューバに行き、薬物中毒の治療のために入院を続ける父を見舞った)

28

お袋がお腹が痛いと言っていたのは、子どものために自分は何も食べなかったからだった。それがわかったのはずいぶん後になってからだったよ。

(2003 年／フィオリートでの貧しかった日々を思い出して)

29

愛してるからこそ家族はぼくを入院させたんだ。それはわかっている。

(2004 年／家族はディエゴを強制的に精神病院に入院させた。これはそこから退院するときの言葉)

30

それはみんな誤解してやってしまったことで、親の躾が悪かったからじゃない。両親には何も責任ないよ。彼らはぼくにとって愛の象徴だし、立派で、天使のような存在だ。

(2004年／両親をかばって)

31

ダルマはマラドーナ・ファミリーで初めて高校の卒業資格をとった。

(2004年／マラドーナは自分の両親や兄弟を含めて、誰も中等教育を終えていなかったことに思いを馳せた)

32

クラウディアはぼくに対してブラインドを下ろしちゃった。

(2004年／妻のクラウディアはディエゴの浮気に嫌気がさして別居を決意した)

33

クラウディアは模範的な母親で、悪いのはぼくだ。彼女を今も愛しているけど、彼女が不満に思っている状況を、ぼくはもうどうもできなかった。

(2004年／自分の浮気を認めて)

34

これは奇跡じゃない。娘たちや、クラウディアや、両親たちの愛の力だ。ぼくが死にかけていたとき、彼らはベッドのそばにずっといてくれた。

(2005年／自分の回復に驚いて)

35

もう元気だよ。今は娘たちが麻薬だ。

(2005年／家族のおかげでディエゴは生き返った)

36

承諾することと認知することは違う。ぼくには全生涯をかけて愛する娘たちがいて、過去の過ちはお金で償っている。ぼくが愛しているのはダルマとジャニンナだけだ。他には誰もいない。

(2005年／イタリアで一時期交際していたクリスティナ・シナグラが産んだ息子、ディエゴ・アルマンド・ジュニアを改めて自分の子どもではないと否定した)

37

ぼくは昔と同じ家に住み、同じ部屋にいる。お袋や親父への愛情も昔と同じだ。ぼくがここを出たときは麻薬なんて手にしたこともなかったし、今も麻薬なしだ。ぼくはなんて幸せなんだ。18歳の子どもに戻った気分だ。両親の家に暮らして、兄弟がぼくの面倒を見てくれている。

(2005年／ディエゴは妻のクラウディアと別れ、薬物中毒を克服し、1982年にバルセロナへ移籍するまで住んでいた両親の家に戻った)

38

ぼくには息子がいなかったけど、彼こそぼくの息子だ。

(2005年／ディエゴがホストとなったテレビ番組『10番の夜』で、マイアミに住む甥と久しぶりに中継で会ったときのディエゴの言葉。イタリアの裁判所はディエゴ・アルマンド・ジュニアを彼の息子だと鑑定しているが、ディエゴはここでもそれを否定した)

39

ぼくはその男の子にひと財産となるようなお金を支払っている。

(2005年／マラドーナはイタリアに住むディエゴ・アルマンド・ジュニアを彼の息子だとは認めていないが、毎月の支払いは続けている)

capítulo 3

Drogas y doping

逮捕　1991年、ブエノスアイレスのアパートの一室でコカインを服用しているところを逮捕された。逮捕の瞬間、ディエゴはベッドの中で裸だったという。警察署に入るときのマラドーナの目はうつろだった。

第3章

麻薬

マラドーナが初めて麻薬に手を出したのはスペインでのことだった。1983年、バルセロナでプレーしていたときだ。ディエゴは頭をすっきりさせるため、そして俊敏で、抜け目なくプレーするために麻薬を使ったと言っていた。この決断の背景には、ある感覚が彼の心の中で増殖していたことが考えられる。自分が不幸で、満たされておらず、そして深い孤独に包まれているという感覚だ。

マラドーナにとって、当時は人間としても、サッカー選手としてもいい時期ではなかった。バルセロナでは社会もサッカーも南米とは違っていて、彼にとって新しい大陸は適応がとても難しかった。そして、彼の麻薬への依存はさらにナポリで強まり、1991年、ドーピング検査でポジティブと判定されるに至って、ついにヨーロッパを離れることとなる。

ディエゴはイタリア南部に勢力を張るマフィア「カモーラ」と友好的な関係にあったという証言がある。彼らは危険な人たちで大きな力があり、初めマラドーナをまるで王様のように扱い、やがて彼らの親切な贈り物に支払いを求めるようになった。マフィアは近づくべきものじゃない。ドラッグもそうだ。しかし、マラドーナの周辺では、コカインと娼婦たちにきらびやかに彩られた数え切れないほどの夜のエピソードが語られている。それが彼のイタリアでの最後の何年間かの生活であり、そこでマラドーナは完全に薬物中毒になってしまった。

マラドーナはドーピング検査でポジティブと出るたびに言い訳を探した。初め彼は、1990年のワールドカップでアルゼンチンがイタリアを破ったことへのリベンジだと言った。馬鹿げた話だった。彼はイタリア・サッ

【ドラッグとアルゼンチン】

アルゼンチンにおける薬物の不適切な使用は“社会的伝染病”といえるレベルにまで広がっている。この国では120万人の若者が仕事もなく学校にも行ってない。そして、彼らが麻薬に手を染める傾向が強く、麻薬を始める時期もますます低年齢化している。またアルコールの問題も深刻だ。都市部では大半の若者が14歳になる前に酩酊した経験を持ち、これは30年前よりほぼ10歳も低年齢化している。そしてこの低年齢化は、マリワナやコカイン吸飲の低年齢化につながっていると専門家は指摘する。公式なデータでは、ブエノスアイレスだけでも10代、20代の若者を中心に約50万人が非合法薬物を常用しているという。

麻薬の蔓延の背景には社会的な問題がある。多くの専門家は「麻薬に溺れる人は精神的な生活や家族に悩みを持っており、麻薬でその苦しみから逃れようとしている」と説明する。経済危機で仕事を失い、将来の見通しが立たなくなった若者や、出稼ぎなどで家族が離散し、不安や寂しさにさいなまれる人たちが薬物に救いを求めるケースが増えてきているのだ。

現在、アルゼンチンで最も“流通”している非合法薬物はマリワナ、コカイン、そしてコカインに精製さ

カー連盟から出場停止をくらい、アルゼンチンに戻ってきたが、数ヵ月も経たないある日の午後、ブエノスアイレスのとあるアパートでコカインを吸引しているところを発見された。警察に逮捕されたとき、まだディエゴはトランス状態を続けていた。1991年のあの事件の日の写真や映像は、それまで知られていなかったディエゴの顔、完全に麻薬中毒になったディエゴの姿を映し出していた。そのとき彼が口にした言葉が「ぼくは死にたい、ぼくは死にたい」だった。

彼がドーピング検査で2度目のポジティブ判定を受けたのは、アルゼンチン代表の一員として'94年ワールドカップに出場したときだった。それはあまり驚きの出来事ではなかった。というのも、このとき検出された薬物は、いわゆる社会的に問題になっているドラッグではなかったからだ。マラドーナの側近たち、とくにダニエル・セリーニというフィジカル・トレーナーが処方した薬が原因となったようだ。たぶん、このときのマラドーナはスタッフから飲めと言われた錠剤に、FIFAの規則で禁止されている薬物が含まれていたとは知らなかったと考えられる。もちろんそうだとしても、彼が罪を許されるはずはなく、責任は当然ある。マラドーナは15ヵ月の出場停止処分を受け、当然のことのように、彼のワールドカップはあっけなく終わってしまった。このときのドーピング検査で検出された禁止薬物は興奮剤の"エフェドリン"だった。

マラドーナは欝の状態に入った。彼が何回も「ぼくは人生で何をやったらいいのかわからない」という言葉を発したのはこの時期だ。彼は薬物に溺れ、そしてその分量がどんどん増えた。彼の周辺にいた人は彼を助

れる前の状態のパスタ・バセといわれるものだ。このパスタ・バセは非常に強力な興奮効果、覚醒効果を持ち、安価であるため貧しい人びとの間で急速に広がっている。一方、中流以上の人びとの間では、より高価だが幻覚作用などが期待できる、LSDとエクスタシーが広がりを見せている。どちらも製造、流通の段階で巨大な国際的犯罪組織が関与しており、そうした組織が暗躍する闇社会がアルゼンチンに存在しているのも問題になっている。

どちらにしても、一度薬物中毒になれば、そこから脱却するためには最低でも1年半はかかるといわれ、実際に立ち直ってくる人びとはそれほど多くない。政府は毎年のように麻薬撲滅キャンペーンを展開するが、その効果は誰もあまり期待していない。経済や社会がよくならない限り、麻薬を使う人は減らないと考える国民が多いからだ。

けなかった。それどころか、彼の代理人を務めるギジェルモ・コッポラにいたっては、中毒性のある薬物を彼に手渡す役目をしていたと噂されている。この件で責任を誰かひとりに押し付けるわけにはいかないが、マラドーナの不幸はこの辺にもある。

「クラウディアや娘たちとよくレストランに食事に行った。それはいつも日曜日で、すごく幸せで、素晴らしい時間だった。でも、そこにある人物が近づいてきてぼくに手を差し出すんだ。ぼくは家族と話しているんだけど、そいつは何か手に持ってしつこく言い寄ってくる。何か紙みたいなものをぼくに渡したいみたいだった。子どもたちやみんなが周りにいるときなのに。そいつはしつこくて、ぼくに『試してみろよ。気に入ったら俺はあっちの角にいるから』なんてことを言うんだ。なんてヤツだ！」。ディエゴ自身のこうした言葉が、当時の彼の状況を十分に暗示しているといえる。

1996年、マラドーナは初めて公けの場で自分の病気を告白した。『Gente』というアルゼンチンの雑誌のインタビューに答えたものだが、身の毛もよだつ話だった。最も悲痛な言葉はこの章にも引用した。当時、ディエゴはすでに自分で自分をコントロールできない中毒患者となっていて、アルゼンチンのボカ・ジュニアーズに復帰したものの、1997年には再びドーピング検査に引っかかってしまう。今度検出された薬物はコカインだった。6年前のイタリアのときと同じだ。彼の周辺の人間たちが話したところによれば、ディエゴを守るために友人で組織されたとても用心深いネットワークがあって、彼らがディエゴへの制裁が下るのを避けるため、いつもすりかえ用の尿を渡していたという。しかし、この企みは十分に機能しなかった。

サッカーから離れたマラドーナは、薬物との悲劇的な関係をさらに深刻化させていった。ウルグアイで2000年の夏、夜通しバカ騒ぎしたディエゴは、そのあとプンタ・デル・エステにある病院の救急に収容された。コカインが彼の心臓の機能を50パーセント以上低減させていたという。医師団は、彼が助かったのは奇跡だと語り、さらに、麻薬を金輪際やめなければ、生き続けることはできないだろうと警告した。

悪い影響から遠ざかるための絶望的試みとして、ディエゴはキューバのリハビリセンターに入院した。しかし、その試みもあまり役に立たなかった。彼はやはり薬物から逃れることができず、引き続きコカインを吸引していたという。2004年、マラドーナは最悪の状態に陥り、再びブエノスアイレスの病院に入ることになったが、またすぐに麻薬がほしくなり病院を逃げ出した。家族は悩んだ挙句、数日後、精神病院に彼を強制的に入院させる決断をした。ディエゴは精神を病んだ人たちの中に混じり、社会から隔離された状況で治療を受けることとなった。

2005年初頭、マラドーナはついに、このまま行くと生命が危機的状況に陥り、回復の望みがなくなるということを理解し、麻薬を止めるか、死ぬかという選択をした。そして、彼は想像もできない努力と家族の援助を支えにし、大方の予想を覆して、ついに中毒症状を克服した。2006年、私たちは地獄から生還したマラドーナを見た。バルセロナに移籍していったときのあのマラドーナが帰ってきた。20年以上前のマラドーナだ。今、彼はやっと人生を取り戻した。

01

もし誰かがドラッグを差し出してきたら、ただノーと言え。

(1983年／スペインにおける反薬物キャンペーンに出演したディエゴ。バルセロナのビーチを歩きながら若者に放蕩な生活をやめて健康に過ごすように説いた)

02

アルゼンチンの若者に言いたい、ドラッグなんかに溺れるなってね。

(1984年／テレビ広告で)

03

サッカーは一種のドラッグだよ。サッカーを密売しろ！

(1991年／ブエノスアイレスで中毒状態で逮捕され、翌日釈放されたときの言葉。サッカーが一番好きだが麻薬も止められない。麻薬のせいでサッカーができなくなるのなら、いっそのことサッカーより好きになれる麻薬を密売してくれ、とディエゴは言いたかったのかもしれない)

04

ぼくは死んでしまいたい、死んでしまいたい。

(1991年／ブエノスアイレスで逮捕されたあと)

05

何がなんだかわからない。今までにないほどしっかり練習してきたんだけど、みんながエフェドリンのことを話している。わかんないよ。ぼくは外に出て走りたいんだ。跳びたいんだ。でも、力が抜けちゃったみたいで、朝起きようとしたら誰かにガツンと殴られちゃったみたいな感じだよ。

(1994年／アメリカW杯のナイジェリア戦に出場したとき、ドーピング検査でエフェドリンがポジティブと出た)

06

ぼくの周りで何が起こっているのかよくわからない。まるでマイク・タイソンが来て、ぼくを十字架に磔にしている感じだ。

（1994 年／ドーピング検査でポジティブとなり、ワールドカップからの追放と、15 ヵ月間の出場停止処分をくらった）

07

彼らは子どもを脅すような感じだった。

（1994 年／ドーピング検査の様子を生々しく語った）

08

ぼくはもう戦えない、魂は引き裂かれた。これでぼくも家族も、回りの人たちも、もう頑張れなくなった。もうリベンジしようなんて考えないよ。

（1994 年）

09

1 メートル分は間違いを犯したよ。でも奴らが 3 万キロ分の罪をかぶせようとしているのは納得できない。

（1994 年／ FIFA がワールドカップから彼を排除しようとしたとき）

10

神様にうまくいくようにお願いしたんだけど、彼は忙しかったのか、ぼんやりしていたのかな。

（1994 年）

11

なぜ FIFA がオーストラリアとのプレーオフで 2 試合ともドーピング検査をしなかったのか、ぜひ誰か説明してほしい。FIFA にとってアルゼンチンのワールドカップ出場がどうしても必要だったんじゃないかな。

（1994 年／ FIFA がアルゼンチンのワールドカップ出場を実現したいがために、大陸間プレーオフではドーピング検査を実施しなかったと仄めかした）

12

トタが市場に行ったら、誰かが“エフェドリーナ〔エフェドリン〕!”と叫んだ。

（1994年／ディエゴは通りで母親をからかう人びとに不快感を示した）

13

ドラッグは人間性を変えてしまう。もう同じ人間じゃない。

（1996年／ディエゴはドラッグを使っていることを認めた）

14

初めてドラッグを試したのは1982年、ヨーロッパでのことだった。自分が生きているって信じたかったんだ。

（1996年）

15

ひどく重苦しい気分だった。暗いプールに放り込まれて出られなくて、どんどん沈んでいった。

（1996年／薬物服用が引き起こす狂気）

16

何回もスローインになって、ボールを掴もうとしたんだけど、それができなかった。どうにかして蹴ろうとしたんだけど、それもできなかった。ぼくの脳ミソがいろいろと命令してくるんだけど、体が言うこと聞かなかったよ。

（1996年）

17

ドラッグははじめきみを幸福にしてくれる。リーグで優勝したときのような感じだ。で、考えてみなよ、今日、チャンピオンになっちゃったら、明日なんてもうどうなってもいいでしょ。

（1996 年／サッカーに喩えて自分の中毒症状を説明した）

18

クスリはやめられそうだ。もうゴールの前まで追い詰めている。

（1996 年／彼の内面が最も不安定だったころ。こうした楽観的な言葉もあれば、すぐわけのわからない言葉も飛び出した）

19

難しい試合だね。5 – 0 で負けていて、もう時間がなくて、ぼくも力が出ない。脱出する道が見えてこない。

（1996 年／麻薬との戦いに疲れて）

20

初めはすべてがとてもきれいで、とても楽しく、とても純白で、とても面白かった。でもその感覚は長くは続かない。ほとんど一瞬だ。すぐにもう 1 本ほしくなる。そして次から次へとほしくなる。だけど、もういくらやっても効き目なんてなくて、楽しさも面白さも何も感じられない。泣き叫びたくなって、孤独に襲われ、苦悩が押し寄せてくる。

（1996 年）

21

クラウディアや娘たちとよくレストランに食事に行った。それはいつも日曜日で、すごく幸せで、素晴らしい時間だった。でも、そこにある人物が近づいてきてぼくに手を差し出すんだ。ぼくは家族と話しているんだけど、そいつは何か手に持ってしつこく言い寄ってくる。何か紙みたいなものをぼくに渡したいみたいだった。子どもたちやみんなが周りにいるときなのに。そいつはしつこくて、ぼくに『試してみろよ。気に入ったら俺はあっちの角にいるから』なんてことを言うんだ。なんてヤツだ！

(1996年)

22

みんなが知っているように、ぼくは薬物常習者だった。そして今も薬物常習者で、これからも薬物常習者だろう。

(1996年)

23

もしドラッグを手に入れるお金がなかったら、ぼくはもう今日死んじゃう。

(1996年／薬物常習者を助けるためというアルゼンチン政府の効果のない対策を批判して)

24

ドラッグはパックマンみたいだ。家族までみんな食べてしまう。

(1996年／コカインの悲劇をパソコン・ゲームに喩えた)

25

誰にも見られないところでドラッグをやりたかったので、明かりが消えたバスルームに行ったんだ。一度ダルマがそこにやってきたことがあった。ぼくに入ってもいいかと訊くんだ。ぼくは返事ができなかったね。

(1996年)

26

ぼくがベッドに寝ていたとき、ジャンニナが水をほしがったので、取りに行こうとしたんだけど、取りに行けなかった。ぼくはベッドから起き上がれなくて、手も震えていた。「パピー、水ちょうだい」ってジャンニナがまた言うから「わかったよ、わかった」って答えるんだけど、ダメだった。起き上がれなかったね。

（1996 年）

27

ぼくはドラッグのせいですごくたくさんの幸せな時間を失った。娘たちの誕生日もクスリをやってて、ぼくはぜんぜん楽しめなかった。

（1996 年）

28

ドラッグのせいでぼくはディエゴでいられなくなった。鏡に映る自分を見るのが好きじゃない人間になってしまった。

（1996 年）

29

マラドーナのドーピングはキニエラ〔日本で言う TOTO のこと〕みたいだ。ポジティブ、ネガティブ、ポジティブ、ネガティブ。そのうち引き分けもあるんじゃない？

（1997 年／ディエゴはドーピング検査結果が毎回違うのでちょっとおどけてみせた。試合のたびにディエゴの尿は分析され、新聞やラジオ、テレビ番組の見出しには検査結果の予想が踊った）

30

薬物との戦いでは、中毒患者はまるで幽霊と戦っているみたいに見える。

（1997 年）

31

誰かがぼくの食事か水かキャラメルに、何か入れたんじゃないかな。

（1997 年／ポジティブと出た検査結果を前に、無用な言い訳をした）

32

もうこれ以上戦う気がしない。

（1997年／ボカ・ジュニアーズのドーピング検査でポジティブと出た後で）

33
これは恐ろしいことだ。麻薬中毒になったことで、ぼくはあまりに大きな苦難を背負い込んだ。

（1997年／ボカ・ジュニアーズでまたしてもドーピング検査にひっかかり）

34
アルベイロ・ウスリアガのことは徹底的に議論したいね。2年も出場停止なんてひどい話しだ。まるで彼にリボルバーを渡して死ねって言っているみたいなものだよ。

（1997年／インデペンディエンテのコロンビア人FW、ウスリアガは、ドーピング検査でコカインが検出され出場停止となった。マラドーナはこのときの処分があまりに重く、これでは選手が絶望して、さらに薬物に依存していく危険性があると批判した。ウスリアガは2004年に謎の事件で暗殺されたが、2度にわたって日本でもプレーしたことがある。インデペンディエンテとベレス・サルスフィエルドで戦われた1995年のレコパの試合と、アトレティコ・ナショナル・デ・メデジンとミランで戦われた1989年のコパ・インテルコンティネンタルの試合だ）

35
ヘロインなんてやったことないし、これからも絶対やらないよ。一度、小さい子どもがヘロインを注射しているのを見た。彼が後ろを振り返ったとき、ぼくは自分に言ったんだ。「あれは絶対やらない」

（1998年）

36
ぼくはコカインをやるけど、売ることはしない。でも、客のいない麻薬密売人のようにぼくは腹がへってぶっ倒れそうだ。

アルベイロ・ウスリアガ：1966年コロンビアのカリで生まれ、2004年死去。アルゼンチンのインデペンディエンテで活躍したが、ドーピング検査でコカインの成分が検出され、厳しい処分が下された。それをきっかけに現役を引退し帰国するが、2004年に暗殺される。

（1999 年）

37
ドラッグをやめるのはすごく難しい。ぼくは命を賭けて世界選手権を戦っているみたいだ。

（1999 年）

38
ぼくはもうクスリと縁を切りたいんだ、本当に縁を切りたいんだよ。でも、この信じられないようなひどい病気を治せる飲み薬も注射もない。

（2000 年／薬物中毒で苦しむディエゴ）

39
麻薬には一瞬で溺れることができる。でもそこから逃れることは一生できない。

（2000 年）

40
ナイキの選手たちにはドーピング検査がない。でもプーマやアディダス、トッパーの選手たちにはちゃんとある。それを調査してほしいね。

（2001 年／とっぴな分析）

41
ぼくはノックアウトで負けそうだ。

（2004 年／麻薬が彼から正気を奪い取っている。マラドーナ最悪の時期）

42
あるとき、ぼくは自分が長いトンネルに入っていくところを見た。

そしたらボカ・ジュニアーズやリバー・プレート、サン・ロレンソ、ラシン、インデペンディエンテのファンがやってきてぼくを死の世界から引っ張り出し、救い出してくれた。

(2004年／死の淵から生還して病院から退院するとき、ディエゴはアルゼンチンで最も人気のある5つのクラブの名前を挙げた)

43

入院していたときは死ぬんじゃないかと怖かった。病院の人はおとなしくさせるためにぼくをベッドに縛り付けなくてはならなかった。

(2004年／精神病院での思い出)

44

ぼくの毎日はテレビを見て、薬を飲んで、太るだけだった。

(2004年／家族によって強制的に精神病院に入れられたときの思い出)

45

ぼくは生と死の間を結ぶ一本の細い糸にぶら下がっていた。

(2004年)

46

ぼくはもう5ヵ月もコカインを使用していない。麻薬のトンネルを脱出する決意が固まった。ぼくは44歳になって、人生のスタートより人生の終わりの方が近くなっているからね。

(2004年)

47

娘のためにドラッグはもうやめた。

(2005年／精神的に安定してきた。ディエゴはすごく体重を減らし、血液からコカインを締め出した)

48
ぼくたちはドラッグをやって、眠っていなかった。でもそのあとピッチに出て行かなくちゃならなかった。チームのために貢献できなかったというより、敵に貢献しちゃったかもしれない。

（2005 年／まだ現役選手だったころの思い出）

49
ドラッグのせいで、ぼくはほとんど死んでいた。

（2005 年）

capítulo 4

El fútbol

スタジアム　マラドーナの記念試合が行われたボカ・ジュニアーズのホーム“ボンボネーラ”。この日はアルゼンチン代表カラーのセレステ・イ・ブランカ（水色と白）がスタジアムを埋めた。

第4章

サッカー

本当かどうか知るのは不可能だが、ある神話がある。母親のトタによれば、ディエゴ・アルマンド・マラドーナは難産だったという。あまりの難産だったので、ディエゴが無事生まれたとき医師たちがまるでサッカーをやってるかのように“ゴーーール”と叫んだという。1960年10月30日のことだ。本当だとしたら、彼の人生をよく暗示している逸話だ。

そして2年後、マラドーナは初めての贈り物としてサッカーボールをもらう。労働者の家庭で、貧しい人びとの住む地域で、さらにはサッカーがひとつの宗教のようになっている国で生まれれば、それは別に珍しいことではない。ただ、この子どもが持って生まれた才能と運命は全く普通じゃなかった。

マラドーナとサッカーは同義語だ。この章にあるディエゴの言葉をほんのいくつか読むだけで、なぜ彼がペレとともにサッカー選手の頂点にいるのかわかると思う。マラドーナはひょっとすると、すでに死んでしまったサッカーの精神を体現している存在だ。ディエゴこそ、このスポーツの美しい本質であり、パワーに勝る才能であり、どんな戦術をも凌駕する天才である。ディエゴが表現したサッカーは、ここ何年かで見る見るうちに消えていき、サッカーは戦術的でフィジカルで退屈な戦いに変わりつつある。マラドーナは最後の王様だった。彼のあとには毎年毎年、最優秀選手賞を受賞する王子たちが誕生しているが、王様はいない。

‘98年のワールドカップは現役を引退して初めて迎えたものだったが、ディエゴはアルゼンチンのテレビ局のコメンテーターとして登場してきた。彼の体調は最悪で、フランスではそれがスキャンダル化した。

【サッカーの歴史】

サッカーはチームで戦うスポーツとして世界で最も人気がある。それは観客数でもそうだが、実際にプレーするという競技人口も多い。世界中の多くの地域で、とくにヨーロッパ、南米、アフリカでは、サッカーは単なる遊び以上のもので、生活から切り離せない要素になっている場合がある。

サッカーの前身であり、最もよく知られているスポーツとしてはイタリアのカルチョが挙げられる。5世紀ごろから主に都市の広場などで楽しまれていたボール遊びで、現在のサッカーに非常によく似たルールでプレーされていた。そして、東洋では蹴鞠が挙げられる。古くから中国で楽しまれていたというが、7世紀ごろに日本に伝えられ、さらに洗練されて、広く楽しまれるスポーツとなった。いわゆるゴールという概念はなかったが、例えば、団体戦では1チーム8人でどちらが長くボールを落とさずに蹴り続けられるかを競ったという。そしてアメリカ大陸でも、コロンブスが到着する前に文明化された先住民の間でボールを蹴る遊びが広く親しまれていたという。

しかし、近代サッカーということになれば、発祥地は間違いなくイングランドだろう。それまで、この競

ディエゴは精神的、感情的に輝きを失っていることを露呈してしまった。しかし、それにもかかわらず、彼のサッカーのコンセプトは何ら変わっておらず、どんなに症状が悪化していても、サッカーをどうプレーすべきかについては、よくわかっていた。

このワールドカップで、ディエゴは近年のサッカーに見られる大きな流れを要約するような言葉を残した。

「足の動きが悪くて見苦しい選手たちがいますね。彼らはみんなロボコップですよ。さらに始末が悪いのはサッカーが楽しくできていない。スコットランドとノルウェーの試合に至っては、あの傑作ホラー映画のフレディ・クルーガーみたいだった」

彼は今のサッカーがもてはやしている機械的なスペクタクル、ロボットみたいなスペクタクルを辛らつに批判した。ディエゴの言うことはころころと変わると批判されるが、サッカーのスタイルに関することだけは変わらない。1976年にアルヘンティーノス・ジュニアーズでデビューしたときに「ぼくはサッカーのスタイルだけは絶対変えません」と言っていたが、それだけは首尾一貫している。

ディエゴは6つのクラブでプレーした。アルゼンチンではアルヘンティーノス・ジュニアーズ、ボカ・ジュニアーズ、ニューエルス・オールド・ボーイズ・デ・ロサリオの3つ、スペインではバルセロナとセビージャの2つ、そしてイタリアのナポリだ。彼の7つ目のチームはアルゼンチン代表だ。間違いなく彼はそこで栄光の時代を築き上げた。しかし、クラブでも2度、ヒーローとして活躍をした時期があった。ナポリとボカ・

技は「フットボール」としてさまざまなルールでプレーされてきたが、手を使わないという基本的なルールを尊重する人びとが、1863年10月26日、ロンドン中心部にあったフリーメーソンズという酒場でイングランド・サッカー協会を設立し、いわゆる“アソシエーション・フットボール”を提唱した。そして、一方では、手を使うフットボールを支持した人びとが“ラグビー・フットボール”を発展させることとなった。イングランドでは1871年にサッカーの競技大会としては世界最古となるFAカップが始まり、翌年にはスコットランドと初の国際試合を行なったという記録が残る。そして、産業革命が世界に広がる中、英国からヨーロッパや中南米各地に渡った技術者や商人が、現地でチームを作り、リクリエーションとして楽しみ、人びとに広めていったというのが国際化の始まりだった。

ちなみにサッカーという言葉はアソシエーションが訛ったものであり、現在もアメリカや日本などで使われているが、世界ではフットボールという名称の方が一般的である。

ジュニアーズにいたときだ。ナポリでは前人未到の偉業を成し遂げた。それはほとんど奇跡だった。2度のリーグ優勝、そしてコパ・イタリアとUEFAカップをそれぞれ1度制し、合計4冠を手にした。マラドーナが去った今、ナポリはテルセラ・ディビシオン（3部リーグ）に所属しており、まさに苦境に在る。ナポリでのディエゴの偉業は社会的にも特別なインパクトを与えた。そのときまで（その後も同じだが）イタリアでは、豊かさから疎外された南部の貧しいチームが全国的なタイトルを獲得するなんて、誰も想像すらできなかったのだ。

ボカ・ジュニアーズでも、これが彼の国内唯一の公式タイトルになったが、バルセロナに移籍する前の1981年にアルゼンチン・リーグで優勝している。ボカというチームは、マラドーナがこよなく愛したクラブだった。アルゼンチンではリバー・プレートと共に人気を二分するチームだが、ボカはより大衆的で、庶民的で、よりマラドーナ的だ。いわば、ディエゴの基準で行くと理想的なクラブといえる。

アルヘンティーノス・ジュニアーズはブエノスアイレスの小さなクラブだが、マラドーナは子ども時代にこのチームでプレーした。彼はここで5年プレーしている。1976年から1980年までだ。彼はここからアルゼンチンに、そして世界に名を轟かせることになる。現在、このクラブのスタジアムは「ディエゴ・アルマンド・マラドーナ」と名付けられている。

一方、現役末期の1993年に所属したニューエルス・オールド・ボーイズでは6試合にしか出場していない。また、ナポリに行く前にプレーしたバルセロナでも決して素晴らしいマラドーナを見ることはなかった。バルセロナ時代（1982年―1984年）は、彼の才能の一部は開花したが、期待して

【サッカーとアルゼンチン人】

サッカーはアルゼンチン市民にとって、いわば宗教のようなものであり、それは単に遊びというより、アルゼンチン人の日常生活の一部になっている。そして、ますます社会的格差が広がる傾向にあるこの国で、人びとはサッカーを“消費”して、日々の苦しみを和らげているようでもある。偉大なサッカー選手たちが、アルゼンチンではまさに神のように崇められるのも、そうした背景があってのことだ。例えば、マラドーナは問題の多い人生を引きずっているが、人びとは彼がサッカーの世界で成し遂げた誇らしい勝利を思い出し、生活苦を忘れようとしている。

アルゼンチンにサッカーを伝えたのは19世紀の英国人だった。現在もアルゼンチンで最も人気の高いクラブに英語の名前（例えば、Boca Juniors, River Plate, Racing, Newell's Old Boys）がついているのも、その名残である。そして19世紀末には各地で親善試合が行われ、1893年にはアルゼンチン・サッカー協会（AFA）が創設され、1902年には代表チームがウルグアイと対戦している。

また1920年代には、スタジアムが各地に建設され、ブエノスアイレスかその近郊にホームを置く“グラ

いたタイトルは何も獲得できなかった。彼は新しい大陸のサッカーに適応するのに苦しんだ。また、セビージャ時代（1993年）は太りすぎて、プレーする意欲もほとんどなかった。

2001年、現役を引退した彼のために催された記念試合があった。スタジアムはボカ・ジュニアーズのホーム、ボンボネーラだ。その試合に出場した彼は、試合のあとに観客の心を掴むスピーチをした。

「これはお別れの試合じゃない。記念試合だ。ぼくは絶対サッカーにお別れすることはない」

彼はサッカーに感謝した。アルゼンチンで最も人気の音楽、タンゴの歌にあるように、“あなたのような人はもう二度と現れない”

ンデ〔ビッグ〕”と称されるチーム（リバー・プレート、ボカ・ジュニアーズ、インデペンディエンテ、サン・ロレンソ、ラシン・クラブの5つ）が戦う日は、スタンドはファンでぎっしり埋まった。とくにリバー・プレートとボカ・ジュニアーズの“クラシコ”（伝統の一戦）は、世界で最も情熱的で心揺さぶられる戦いとして長い歴史を刻んでいる。

また、アルゼンチン人サポーターの特徴は90分間熱烈に歌い続けることであり、スタジアムはホームチームを応援する熱気で溢れる。また、問題としては、一部のサポーターが毎年のようにスタジアムの中でも、外でも暴徒化し、流血の騒ぎが起こるということだ。残念なことだが、スタジアム内の死亡者はすでに累計で300人を超えている。

01

ぼくはサッカーのスタイルだけは絶対変えません。

(1976年/アルヘンティーノス・ジュニアーズでプロデビューしたとき)

02

右足だと、ぼくはでくの坊だよ。

(1981年/ディエゴは左利き)

03

股抜きのゴールを狙うよりキーパーの脇を通すゴールを選ぶよ。股抜き10回とゴール1回を交換してもいい。ぼくは死ぬほど自分の能力を信じているけど、試合に勝つのが何よりだ。

(1982年/アルゼンチンでは股抜きされることは屈辱だ。でも、ディエゴはリスクを冒すより確実な得点を選んだ)

04

家にはキャプテンマークを箱に入れて200本は持っている。遠征にいくといつもお店に入っていって、キャプテンマークを買うんだ。

(1985年)

05

無観客試合は墓場で試合するみたいなもんだ。

(1987年/ナポリの選手時代。ゲートが閉まったままのサンティアゴ・ベルナベウでレアル・マドリードと対戦した)

06

ぼくにとって最高のチームは、昔になるけど、1979年のワールドユースを優勝したアルゼンチン・ユース代表だ。あの日本の国立競技場で味わった喜びは最高だった。あんなにうれしかったことはない。

(1991年)

07

ワールドカップ予選の試合では、ボールが鉄製になる。

（1993年／ワールドカップ予選突破の重圧、難しさを喩えた）

08

朝5時に起きて2ドル稼ぐために仕事に行く人にはプレッシャーがある。でも、BMWやメルセデス・ベンツを運転しているぼくたちサッカー選手は違う。ぼくたちは物がありすぎることに文句を言っている。

（1996年）

09

片目が引き裂かれても試合するよ。

（1996年／体調が悪化して90分戦えるか疑問視されていたとき）

10

毎日トレーニングしたら肩まで壊れちゃうよ。

（1997年／ディエゴは見るからに体が弱ってきた。体のどこをケガしてもおかしくない状態だった）

11

試合が一番のトレーニングだよ。走ることばかりトレーニングしてたら、ベン・ジョンソンやカール・ルイスになっちゃう。

（1997年／フィジカルとスピードばかりが重要視される現代サッカーを皮肉った）

12

どこに行ってもボールのことをディエゴって呼ぶんだ。

（1997年／マラドーナとサッカーは同義語だということ）

13

選手のときはほとんど練習をしなかった。それに1メートル60センチの選手と同じやり方で2メートルの選手が練習しても意味ないような気がする。

(1998年／最近の長身選手への助言。確かに正論だが、すでに太って、体調も最悪のディエゴに耳を貸す選手は少なかった)

14

ぼくにとってワールドカップに行くことは、子どもがディズニーランドに行くことと同じなんだ。

(1998年／元選手として初めてのワールドカップ。たとえ観客のひとりだとしても、ワールドカップに来れらたことがディエゴにとって幸せだった)

15

ぼくについて言われたり書かれたりしていることの99%はウソだ。

(1998年)

16

足の動きが悪くて見苦しい選手たちがいますね。彼らはみんなロボコップですよ。さらに始末が悪いのはサッカーが楽しくできていない。スコットランドとノルウェーの試合に至っては、みんなあの傑作ホラー映画のフレディ・クルーガーみたいだった。

(1998年／フランスW杯のサッカーを辛らつに皮肉った。機械的にプレーする選手はロボットみたいだという自説を展開した)

17

ノーバウンドでボールを蹴ったら、ゆらゆらとバナナシュートみたいに飛んでいった。

(1998年)

18

サッカーへの気持ちはお母さんが好きだという気持ちと同じだ。

(2000 年／サッカーへの無条件の愛)

19

ボールを受けるために２度、３度とセンターラインまで下がったんだ。で、また上がっていこうとしたんだけど、そのときはエベレストを登っていくみたいな感じだったよ。

(2000 年／親善試合のあと。マラドーナの肉体は悲痛な叫びをあげていた)

20

もうサッカーはしない。いまは娘たちとやっていつも負けているよ。

(2000 年／栄光の時代が終わったことを微笑ましいエピソードで語った)

21

ブラジルのサッカーはゴール１個分は先にあるね。

(2000 年／ライバルのブラジルがアルゼンチンより強いと言いたかった)

22

これはお別れの試合じゃない。記念試合だ。ぼくは絶対サッカーにお別れすることはない。

(2001 年／ブエノスアイレスでマラドーナの記念試合の開始を数分後に控えて)

23

ペナルティエリアまでボールを持ち込んでシュートできずに終わるのは、妹と踊るダンスみたいだ。

(2001 年／アルゼンチンでは“妹と踊るより退屈だ”という決まり文句がある。ディエゴは出場した親善試合のあと、太って、膝をケガしていて、ほとんどシュートできなかったことを悔しがった)

24
テレビで観るサッカーは何のためにもならない。情熱を感じないからね。

(2004年)

彼のチーム

25
ぼくは選手として一度だけ、両手で天国を掴んだ気がしたことがあった。アルヘンティーノス・ジュニアーズでデビューした日のことだ。

(1976年／15歳のときプロ選手として初めて試合に出たときの話)

26
もし、ナポリが弟のウーゴとここで契約しないなら、ぼくはイタリアを出て行く。

(1986年／ディエゴはナポリ首脳陣が弟のウーゴ・マラドーナと入団契約するようにと、おかしな脅しをかけた。ウーゴはプロサッカー選手だったが、兄のようなスター選手にはなれなかった。後にJリーグでプレーしたこともある)

27
南部の貧乏人は、北部の金持ちが先に食べたパイの残りをもらうんだ。「もっと大きな分け前を！」って言いながらね。

(1987年／カルチョの歴史で初めて貧乏な南部のチームがスクデットをとった。ディエゴはいじけていたナポリの人たちを鼓舞した)

28
1981年にボカで優勝することは義務だった。チャンピオンになるのは、ぼく自身のため、家族のため、ファンのためだった。そのためにぼくは一生懸命頑張った。当然のことだ。それに引き換え、ナポリでの優勝はある意味で偉業だ。

（1987年／強大なクラブであるボカでリーグ優勝することはうれしかったが、それだけのことだった。でも、ディエゴが入団するまで、そしてディエゴが去ってから、一度も優勝したことのないナポリでの優勝は特別なものに思えた）

29

今日の午後面白かったのは、イタリア人が人種差別主義者じゃなくなったことかな。ついに彼らがアフリカ人を受け入れたよ。

（1990年／ミラノ人に対する皮肉。イタリアW杯の初戦、アルゼンチンはミラノでカメルーンと対戦した。しかし、普段は黒人に差別意識の強いミラノの人たちが猛烈にカメルーンを応援した。それはディエゴがいるナポリが、過去3回のリーグ優勝争いで2度もミラノのチームに勝ったからだ）

30

ナポリのファンは、アルゼンチンのファン以上にぼくを愛してくれた。彼らは情熱的で、忠実だ。でも1990年のワールドカップが終わって、ぼくはもうこの国ではやることはないって、わかったんだ。

（1992年／アルゼンチンがイタリアを破った'90年ワールドカップの試合をマラドーナはほろ苦く思い出した。あの試合のあと、イタリアでは「反マラドーナ」キャンペーンが始まり、彼がナポリにいること自体がイタリアを傷つけるとの声が聞こえてきた）

31

セビージャでデビューした日の喜びの大きさは、娘たちが生まれた日の喜びとしか比べようがない。

（1993年）

32

ニューエルス・オールド・ボーイズとの契約にサインした。ぼくはこのクラブに死ぬほど敬意を表するよ。ぼくにとってこの街、ロサリオはハリウッドだ。

（1993 年 12 月／ニューエルスは 2 週間後に退団してしまった。ロサリオは “アルゼンチンのシカゴ” といわれていて、やくざと暴力のはびこる街であり、ハリウッドのイメージとはだいぶ違う。ディエゴはやる気がないのに、入団のときこの言葉を繰り返してうわべを取り繕った）

33

ボカが負けると心臓まで痛くなる。

（1995 年／ディエゴはいつもボカ・ジュニアーズのファンだと言った）

34

ボカへのこの帰還は 14 ヵ月の妊娠で子どもを産むみたいだね。

（1995 年／大好きなクラブにやっと戻れたときの言葉。初めてこのクラブに入団したのは 1981 年だった）

35

リバー・プレートのユニフォームなんてぼくは着ないよ。殺されるからね。

（1996 年）

36

ボカがリバーに勝つことは、朝、ママが来てキスして起こしてくれるような感じかな。

（2000 年／ライバルとのクラシコに勝利することの喜びを比喩した）

37

ぼくらがフィオリートで見てたテレビより、ボカは鮮明度が落ちてぼんやりしている。

（2001 年／ボカはたくさんあったチャンスをどれもモノにできなかった）

38

ボカで優勝する喜びは何ものにも比べられない。

(2001年)

39

ボカへのぼくの気持ちは愛だ。

(2005年)

40

ボカが勝つためだったら、ぼくはどんな援助も惜しまない。

(2005年／リバー・プレート戦を前にして)

41

バルセロナでは、ぼくがいなくなったらアルゼンチン人はひどい扱いを受けた。でも、ナポリじゃ今でも「お前はアルゼンチン人か、じゃあサンドイッチ半分あげるよ」って言ってくるくらいだ。

(2005年／ディエゴがイタリアを去って15年経つが、いまでもナポリではアルゼンチン人だということだけで得することがある。ディエゴへの崇拝は今もすごい。それに引き換え、バルセロナでは人気がない)

“後継者たち”への言葉

42

アリエル・オルテガは代表で10番のユニフォームを着るべきだ。

(1997年)

43

パブロ・アイマールはぼくの後継者だ。

(1999年)

アリエル・オルテガ：1974年、アルゼンチンのフフイ生まれ。リバー・プレートで活躍し、1994年、1998年、2002年のワールドカップに出場。一時はマラドーナの後継者とも言われた。ヨーロッパではスペインのバレンシア、イタリアのサンプドリア、トルコのフェネルバチェでプレーし、アルゼンチンに帰ってきてからはニューエルス・オールド・ボーイズに在籍。

44

アンドレス・ダレッサンドロはぼくに一番似ている。

（2000 年）

45

リケルメはアルゼンチン最高の戦略家だよ。

（2001 年）

46

カルロス・テベスは最高だ。

（2003 年）

47

リオネル・メッシを見ていると自分を思い出す。彼こそアルゼンチン人の未来だ。

（2005 年）

パブロ・アイマール：1979 年アルゼンチンのリオ・クアルト生まれ。1997 年にリバー・プレートでデビューして、2001 年スペインのバレンシアに移籍。いきなり 2001—02 年のシーズンを優勝で飾った。マラドーナの後継者といわれた時期もあり人気が高い。代表では 2002 年韓国／日本W杯に出場。ドイツW杯でも活躍が期待されている。

アンドレス・ダレッサンドロ：1981 年ブエノスアイレス生まれ。ディエゴと同じ左利きで、アルゼンチン代表ではマラドーナの後継者といわれた。リバー・プレートで活躍した後、ドイツのボルフスブルグ、イングランドのポーツマスに移籍したが精彩を欠き、代表からも遠ざかるようになった。

フアン・ロマン・リケルメ：1978 年ブエノスアイレス生まれ。アルヘンティーノス・ジュニアーズから 1996 年にボカ・ジュニアーズに移籍。10 番をつけてレギュラーを獲得した。2002 年にバルセロナ、2003 年にビジャレアルに移籍。2006 年ドイツW杯ではアルゼンチン代表の期待の司令塔である。

カルロス・テベス：1984 年ブエノスアイレス生まれ。ボカ・ジュニアーズでトヨタカップを優勝し、アテネオリンピックでは金メダル、大会得点王にも輝いた。現在はブラジルのコリンチャンスに所属。マラドーナとは同じような貧しい幼少時代を送ったことで強い絆がある。

リオネル・メッシ：1987 年アルゼンチンのロサリオ生まれ。13 歳でバルセロナに入団。ときの監督レシャックに天才と言わしめた。メッシは成長ホルモンの病気があったが、治療費をクラブが負担する約束で入団が決まった。2004—05 のシーズンでプリメラ・ディビシオンにデビュー、2005 年のオランダ・ワールドユースでは母国を優勝に導き、自らは得点王、MVP に輝いた。

capítulo 5

La Selección

背面キック　1986年のメキシコW杯では、ディエゴ・マラドーナは数々のアクロバティックなプレーで観客を魅了した。手前でフォローしているのは後のレアル・マドリード監督、ホルヘ・バルダーノだ。

第5章

代表

ディエゴ・マラドーナのサッカー人生において、アルゼンチン代表こそまさに大きな愛であった。両者の関係はまさに相思相愛で、そこにはすべてがあった。幸せなるときも、悲しみに打ちひしがれたときも常に一緒で、崇高な偉業を成し遂げたときも、凋落したときも常に一緒に泣いた。

マラドーナの絶頂期は間違いなく1986年のメキシコW杯だった。だが、マラドーナ自身がいつも最高だったと口にするのは、日本で1979年に開催されたワールドユースに出場したアルゼンチン代表のことだ。彼はこのときのアルゼンチン代表こそ自分がプレーした最高のチームだったと言う。彼は現役を引退してもそれを何度も繰り返し口にした。マラドーナはボカ・ジュニアーズに所属した時期にも、ナポリ時代にも栄光の瞬間を味わっているはずだが、日本で戦ったチームが最も強く記憶に刻まれているようだ。この章にも引用した2002年の彼の言葉、「ぼくは日本の人びとに最高のサッカーを見せたつもりだ」という言葉は、彼の気持ちをよく表している。

マラドーナは1977年、16歳で代表デビューした。それはブエノスアイレスで戦われたハンガリー戦だった。彼は当時、早くから1978年のアルゼンチンW杯出場を強く希望していたが、セサル・ルイス・メノッティ監督は結局彼を招集しなかった。マラドーナが17歳であまりに若かったからだ。

マラドーナはメノッティのこの決断がよほど頭に来たのか、その後もずっと彼を許そうとしなかった。もしこの大会に出場していたら、マラドーナは2度のワールドカップ優勝を果たせたわけだ。それに初めて出場した次の1982年のスペイン大会で、メノッティが後悔するようなすごい活躍を見せることができなかったのが、よほど悔しかったのだろう。アルゼンチンはディフェンディング・チャンピオンとしてスペインに向かったが、セミファ

【FIFAワールドカップ】

FIFAワールドカップは、世界最高レベルの代表が参加するサッカーの祭典である。単一の競技で争われる国際大会としては最も大きなスポーツイベントであり、その人気と注目度はオリンピックに匹敵するといわれている。各国代表はまさに国家の威信をかけてこの大会に臨み、とくにサッカーの伝統を誇る国同士が戦うとなれば、両国の歴史に刻まれたさまざまな逸話が掘り起こされ、試合は単なるサッカーの勝ち負け以上の意味を帯びてくることにもなる。

この大会の提唱者は当時のFIFA会長であったフランス人ジュール・リメである。第1回はウルグアイで1930年に開催され、参加国は地元のウルグアイ、そしてアルゼンチン、チリ、フランス、メキシコ、ユーゴスラビア、ブラジル、ボリビア、ルーマニア、ペルー、アメリカ、パラグアイ、ベルギーの13ヵ国であった。ちなみに、このときは参加希望国が少なかったため予選はなかった。

その後、ワールドカップは第2回イタリア（1934）、第3回フランス（1938）、第4回ブラジル（1950）、第5回スイス（1954）、第6回スウェーデン（1958）、第7回チリ（1962）、第8回イングラ

イナルにも残れなかった。期待されていたマラドーナも満足なプレーができず、彼の本当の才能を疑問視する声さえ囁かれた。

そして4年後、アルゼンチンは再び世界のサッカーの頂点に戻ってきた。客観的に見てマラドーナが最高のパフォーマンスを見せた大会もこのメキシコ大会であり、世界最高のサッカー選手は誰かという話題で、彼の名前が盛んに取り沙汰され始めたのもこの大会以降だった。

メキシコ大会でマラドーナが最高のプレーを見せたのは準々決勝のイングランド戦だった。ほとんどのアルゼンチン人は、この試合に単なるサッカーの試合以上のものを感じていた。というのも、1982年にイギリスとアルゼンチンはマルビーナス諸島（フォークランド諸島）をめぐる戦争を起こしており、多くのアルゼンチンの若者がこのとき命を落としていた。

マラドーナはこの試合でかつてない最高の輝きを見せた。のちに有名になった2本のゴールを決めており、1本目は、本当は手を使っての反則であったが、有効な得点と認められた。試合後のマラドーナ自身のコメントから、このゴールは“神の手”によって入れられたものとされた。マラドーナの言葉としては、初めて世界中の人が知る言葉となった。2本目のゴールはまさに特別なものだった。FIFAは後にこの2本目のゴールをワールドカップ史上最高のゴールに選んだ。この試合のイングランドの監督、ボビー・ロブソンはこんなコメントを残している。

「1本目のゴールはハンドです。あれを認めるべきじゃない。でも、2本目のゴールは2本のゴールに相当します」

あの日、マラドーナは憎むべきライバルと対戦し、国民から崇拝とも言える絶大な賞賛を受けた。そして1週間後、彼は世界チャンピオンの栄誉に

ンド（1966）、第9回メキシコ（1970）、第10回西ドイツ（1974）、第11回アルゼンチン（1978）、第12回スペイン（1982）、第13回メキシコ（1986）、第14回イタリア（1990）、第15回アメリカ合衆国（1994）、第16回フランス（1998）、第17回韓国／日本（2002）と、基本的に4年ごとに開かれてきた。第3回大会から第4回大会までの12年間の空白は、第二次世界大戦の影響である。

また、本大会出場国の数は、第2回目から基本的に16ヵ国となったが、その第2回もオーストリアの棄権で15ヵ国になり、第4回大会も戦争の影響で13ヵ国で戦わざるを得なかった。そして、第12回大会から24ヵ国に増え、第16回フランス大会からは現在の32ヵ国になった。しかし、参加国は増えても、これまでの17回のワールドカップで優勝した国は、ブラジル（優勝回数5）、ドイツ（3）、イタリア（3）、アルゼンチン（2）、ウルグアイ（2）、フランス（1）、イングランド（1）といった7ヵ国だけである。

浴した。ディエゴの生涯で絶頂を極めた瞬間だ。

次のワールドカップ、‘90年イタリア大会ではもうマラドーナは好調なコンディションを維持できていなかった。彼のサッカーはすでに下り坂に入っていて、ゴールは1本もなかった。準々決勝のユーゴスラビア戦ではペナルティキックを外している。

それでも彼の存在はイタリア大会で大きな価値を持っていた。サッカー選手としてはもうあまり期待はできなかったが、チームのシンボルとしての価値があった。事実、アルゼンチンは優勝はできなかったものの強豪ブラジル、地元イタリアといった代表を破って、その底力を見せ付けた。ディエゴなしには勝ち取れなかった勝利だっただろう。マラドーナは、ぼろぼろになって決勝まで辿り着いたアルゼンチン代表の魂だった。

この試合、アルゼンチンはドイツに0－1で負けた。果たして正しい判定だったのかという疑惑のペナルティキックで、ドイツが辛くも勝利し、ディエゴは泣きじゃくった。彼は、もちろん立証はできなかったが、FIFAがドイツをひいきして“黒い手”を差し伸べたと発言して、論議を呼んだ。これ以降、アルゼンチンはワールドカップで優勝していない。

マラドーナの最後のワールドカップは1994年のアメリカ大会だったが、2試合で終わった。ディエゴはナイジェリア戦のドーピング検査でエフェドリンがポジティブと出て、そこで彼のワールドカップに幕が引かれた。アルゼンチン代表で彼がプレーすることは、このとき以降、一度もない。

マラドーナは「代表はぼくの命だ」と、ことあるごとに繰り返している。アルゼンチン国民もディエゴを誇りに思っていて、どんなに遠い外国に行っ

【FIFA（国際サッカー連盟）】

各国のサッカー連盟を統括する全世界的なレベルでの唯一の機関であり、1904年5月21日にフランス連盟が中心となり設立された。設立文書に署名した協会はフランスのほか、スペイン、オランダ、スイス、スウェーデン、デンマーク、ベルギーといった7ヵ国の協会に過ぎなかったが、現在は世界各国の207の連盟または協会を束ねている。本部はスイスのチューリッヒにおかれ、ワールドカップを初めとした、さまざまな国際大会を開催する役目を負っている。FIFAの傘下には南米サッカー連盟（CONMEBOL、1916年）、欧州サッカー連盟（UEFA、1954年）、アジア・サッカー連盟（AFC、1954年）アフリカ・サッカー連盟（CAF、1957年）、北中米・カリブ海サッカー連盟（CONCACAF、1961年）、オセアニア・サッカー連盟（OFC、1966年）があり、それぞれの「大陸」でカップ戦などを開催し、サッカーの普及に努めている。

FIFAは現在、非常に強大な影響力を全世界に及ぼしている。そして、サッカーに関連するビジネスがますます巨大化する中で、FIFAは事実上、世界最大規模の予算を執行する多国籍企業のひとつに数えられるまでになった。主な収入源は各種の国際大会の開催であるが、FIFA事務局長のウルス・リンシが最近

ても、その国の人びとに「あなたはアルゼンチン人？　おおマラドーナ！」と言われることがうれしくて仕方ない。

1990年、ディエゴはアルゼンチン共和国のスポーツ大使に任命されたが、翌年、彼の麻薬常習のことが世間に公けになると、共和国はその肩書きを彼から剥奪した。

しかし、アルゼンチン人たちは、かつて誰もマラドーナほどすばらしくアルゼンチンを代表した人物はいないと確信している。アルゼンチン人にとって代表の“10番”といえば今もマラドーナである。

ミュンヘンで開かれた会議で発表した資料によれば、過去数年で収入は急増し、2006年のドイツW杯と2010年の南アフリカW杯の収入は、それぞれ21億8000万ドルから36億4000万ドルとなる見通しだという。

FIFAは1世紀以上の歴史を誇るが、会長は創設以来8人しかいない。初代がフランス人のロベール・ゲラン（1904—1906）であり、その後、イングランド人のダニエル・バーリー・ウールフォール（1906—1918)、フランス人のジュール・リメ（1921—1954、注：1918—1921年の間は会長不在だった)、ベルギー人のロドルフ・ウィリアム・ジルドライヤー（1954—1955)、イングランド人アーサー・ドルリー（1955—1961)、イングランド人スタンリー・ラウス卿（1961—1974)、ブラジル人ジョアン・アベランジェ（1974—1998)、スイス人ジョセフ・ブラッター（1998—）と続いている。

01

右足から飛行機を降りよう。ぼくたちはここでチャンピオンになるんだから。

（1979年／ワールドユースのために日本の空港に到着したとき、ディエゴはチームの仲間にこう呼びかけた。この“秘密の儀式”は効を奏してアルゼンチンは優勝した）

02

100人の子どもにどの背番号をユニフォームに付けたいか質問してごらん、みんな“10番”って答えるよ。

（1980年／アルゼンチンではこの番号への特別な感情がある。10番は最も能力があり、才能豊かな選手がつける番号だ）

03

イングランド戦で負けてすごく落ち込んだよ。いつの日かリベンジしたいね。

（1980年／ロンドンのウェンブリー・スタジアムでイングランド代表と親善試合があり、マラドーナのアルゼンチン代表は破れた。そして、ディエゴが誓ったリベンジは、'86年メキシコW杯で実現した）

04

“10番”を付けるということは心理的な意味もある。もし、セサル・ルイス・メノッティがぼくにポジションは10番でも、背番号は“8番”でやってくれって言ったとしたら、やっぱり違うよね。いい気分ではプレーできない。

（1982年／スペインW杯を前にして、ディエゴはメノッティに“10番”のユニフォームをくれるように求めた）

サセル・ルイス・メノッティ：1938年アルゼンチンのサンタ・フェ生まれ。'60年代にボカ・ジュニアーズやロサリオ・セントラルでプレー。監督としては1978年アルゼンチンW杯で代表を率い優勝、翌年のワールドユースも制した。この他、バルセロナ、アトレティコ・デ・マドリード、リバー・プレート、ボカ・ジュニアーズ、ペニャロール・デ・ウルグアイ、そしてメキシコ代表の監督を務めた。

05

アルゼンチン人はみんな祈ってほしい。それがぼくたちには必要なんだ。

（1986年6月21日／イングランド戦の前日。4年前の戦争のこともあり、これはアルゼンチン国民にとって冷静ではいられない試合だった）

06

マルビーナス諸島〔英語ではフォークランド諸島〕のことを思いながらイングランドとの試合を戦った。感情的には、イングランドの選手ひとりひとりに‘82年の戦争責任があると思っていた。それは一種の狂気だが、ぼくたちは確かにそう感じながら戦った。

（1986年／メキシコでのイングランド戦のあとの告白。マルビーナス諸島はイングランドから1万3000キロ、アルゼンチンから200キロのところに位置し、170年にわたり英国支配が続く。島々の統治をめぐって1982年に両国が衝突し、ろくに訓練を受けていない若いアルゼンチン人兵士が多く戦死した）

07

ブル、もうすぐ勝てる、ボールを回そう。

（1986年／メキシコのワールドカップ決勝で、ディエゴがホルヘ・ブルチャガにかけた言葉。アルゼンチンは初め2－0で勝っていたが、ドイツが2－2に追いついてきた。アルゼンチンは押され気味だったが、マラドーナは仲間の個人技を信じて、ボールを持つことがドイツに勝つ道だと、ブルチャガに叫んだ）

08

‘86年メキシコW杯でのあの忘れられない日々。神はぼくと一緒にいてくれた。

（1986年／ディエゴにとって素晴らしいワールドカップになり、神に感謝

ホルヘ・ブルチャガ：1962年アルゼンチンのエントレ・リオスで生まれた。彼の最も有名なゴールは’86年メキシコW杯決勝における決勝点だ。残りあと4分というところで決め、アルゼンチンに優勝をもたらした。後にインデペンディエンテ、フランスのナント、バランシエンヌなどでプレーした。

した。彼の活躍でアルゼンチンはワールドカップのトロフィを高く掲げることができた）

09

ぼくらからトロフィを奪う気なら、彼らはぼくらの心の奥底から剥ぎとっていかなくてはならない。

（1990年／アルゼンチンはディフェンディング・チャンピオンとしてイタリアに到着した）

10

また神の手が出てきたわけじゃない。審判たちは間違いを犯すかもしれないってことを、そして判定は覆される可能性はないってことを、みんな理解しなくちゃならない。

（1990年／イタリアW杯のアルゼンチン－ソ連の対戦で、マラドーナは自陣のペナルティエリアでボールをゲンコツではたいて明らかな反則を犯した。しかし、審判は制裁を加えず試合は続行された）

11

黒い手があったんだよ。

（1990年／イタリアW杯決勝。微妙な判定で西ドイツにPKが与えられ、その1点が決勝点となった。ディエゴは、証拠がないにもかかわらず、メキシコ人審判のエドガルド・コデサルがFIFAに事前に買収されたと語った）

12

ぼくが悲しむことで喜ぶ人びとがいるなんて想像したことなかった。

（1990年／ディエゴは準優勝のメダルを受けて泣いた。イタリア人たちは観客席でドイツの勝利を盛んに祝福していた）

13

マラドニティスがアルゼンチンに戻ってきたみたいで満足だよ。

（1994年7月26日／ナイジェリア戦を2－1で勝った翌日の言葉。マラドニティスはマラドーナの造語。コンフンティビティス（結膜炎）、ヘパティティス（肝炎）、ペリトニティス（腹膜炎）といった病名の語尾を自分の名前にくっつけた。アルゼンチン社会が再びマラドーナへの愛の病気に罹っていることを言いたかった）

14

ぼくはパサレラの代表では絶対にプレーしない。体調が14点となっても絶対行かない。

（1994年／アメリカW杯のあと、ディエゴの敵であるダニエル・パサレラが代表監督に就任する話が出てきた。ディエゴが言いたかったのは、パサレラは絶対彼を招集しないだろうということ。数字はサッカーでよく使う評価点。普通は1から10だ）

15

‘79年のユース代表はぼくの人生で最高のチームだ。

（1995年／すでに16年が経つが、マラドーナはつねに日本でのこの優勝を人生最高の喜びだと語っている）

16

‘98年のワールドカップに行くかって？　答えはノーだね。絶対行くことはないと思う。

（1997年／彼の体調はすでに嘆かわしい状態になっていた。この翌年のワールドカップでプレーできるかという質問に、100メートルも走れないよと答えている）

17

代表の試合は見なかった。怖い映画は好きじゃないんだ。

（1997年／ダニエル・パサレラ率いるチームへの批判）

18

この代表で、股抜きするやつがいたらご褒美にクルマでも贈らなきゃ。

（1998 年／憎きパサレラのチームの図式的で、自由のない戦略を皮肉った）

19

ワールドカップの外にひとり追いやられていることは、椅子に縛られて自分の母親が殴られるのを見ているような気分だ。

（1998 年／アルゼンチンはオランダに負けてワールドカップを去った）

20

代表には法が必要だ。でも政治家や国会の法じゃない。代表の選手は国家を代表しているという責任感が必要だ。そして、その責任を感じることこそ美しいこと、本当に美しいことなんだ。

（1999 年／フアン・セバスチャン・ベロンなど、一部の代表選手がパラグアイでのコパ・アメリカに参加するのを拒んだとき、ディエゴはこうたしなめた。マラドーナはいつもこうした行為に腹を立てた）

21

やっと気づいたのか？　ぼくはもうあの時からちゃんと言ってるだろ。彼らは‘90 年ワールドカップ決勝をぼくたちから奪ったんだ。

（1999 年／ FIFA がエドガルド・コデサルに、ドイツに勝たせるという条件でワールドカップ決勝の審判を任せたいと提案したことを、メキシコ審判協会会長が公けに明らかにした）

22

‘90 年ワールドカップ決勝は、試合が始まる前からぼくたちの負けと決まっていたんだ。

（2000 年）

フアン・セバスチャン・ベロン：1975 年ブエノスアイレス生まれ。2002 年韓国／日本W杯に出場したが、彼は期待に応える活躍ができず、アルゼンチンのグループリーグ敗退の最大の責任を問われた。エストゥディアンテス、ボカ・ジュニアーズ、イタリアのサンプドリア、ラツィオ、インテル、イングランドのマンチェスター・ユナイテッド、チェルシーと、ビッグクラブを毎年のように移籍する。

23
背後のゴールポストのドスン、ガタンという音を聞きながらプレーしていた。キーパーのゴイコチェアはあっちへ行ったりこっちに来たりせわしなく動いていた。あんなに辛い試合は今まで経験したことなかった。

(2000年／‘90年ワールドカップ決勝トーナメント1回戦。ブラジルと対戦し何とか勝利したものの、試合は圧倒的に支配されていた。アルゼンチンは正ゴールキーパーをソ連戦の負傷で失っており、第二のキーパーが不調で、第三のキーパー、ゴイコチェアがゴール前を守っていた)

24
アルゼンチン代表にぼくは20年間愛を注いだ。祖国の代表はぼくの命だ。

(2000年)

25
何があろうが、誰が監督になろうが、代表の“10番”はいつもぼくのものだ。

(2000年)

26
それでアルゼンチンがワールドカップを勝てるんだったら、ぼくは手を貸してもいい。

(2002年)

27
イングランド人はみんなすごく怯えていて、ウンチ漏らしそうな感じだった。

セルヒオ・ゴイコチェア：1963年ブエノスアイレス県に生まれる。1990年イタリアW杯で活躍。準々決勝のユーゴスラビア戦、準決勝のイタリア戦の2度のPK戦で、4本止めた。アルゼンチンではリバー・プレートとラシンでプレー。

（2002年／日本でのアルゼンチン-イングランド戦の前日の言葉。ディエゴのこの予感に反して、イングランドが1－0で勝った）

28

ワールドカップ敗退には責任を感じる。スウェーデンとの試合を観ていて、何で後輩選手たちを励ましに日本に行かないんだと自分を責めていた。

（2002年／マラドーナはキューバの薬物中毒患者リハビリセンターに入院していて、アルゼンチンの試合をテレビ観戦していた）

29

オラルチコエチェアが近づいたんでぼくは「ノー！　オラルチコエチェア、ノーォォォォォ」って叫んで止めたよ。でも、ブラジル人のバルドには「さあさあバルド、すっごく暑いよね。ガマンしないで水飲みなよ」って言ってやった。そしたら、ブランコが水をたくさん飲んじゃってね、数分でぶっ倒れた。顔は朦朧としてたよ。で、ブランコは試合の後でぼくを指差して「お前がやったんだな」って言ってた。誰かが水のタンクにロイフノール（一種の精神安定剤）の錠剤を入れて、こんな結果になっちゃった。ブランコとはいい関係だったんだけど、あのあと彼と話したことがない。

（2004年／‘90年イタリアW杯で起こったこと。アルゼンチンのベンチ

フリオ・オラルチコエチェア：1958年ブエノスアイレス県生まれ。国内ではボカ・ジュニアーズ、リバー・プレート、ラシン、海外ではフランスのナントでプレーした。‘82年スペインW杯では控えだったが、‘86年メキシコ、‘90年イタリアW杯ではレギュラーとして活躍。

バルド：1964年ブラジルのシデロポリスに生まれる。ポルトガルのベンフィカ、フランスのパリ・サン・ジェルマンでMFとしてプレー。1997—98のシーズンは日本の名古屋グランパスに在籍。ブラジルではグレミオ、クルゼイロなどでプレーし、‘90年イタリアW杯ではブラジル代表に選ばれた。

ブランコ：1964年ブラジルのバジェ生まれ。左サイドバックで、ロベルト・カルロスのように攻撃参加が得意だった。フルミネンセでキャリアをスタートして、ポルトガルのポルト、イタリアのブレシア、ジェノバ、イングランドのミドルスブラに移籍。‘86年、‘90年、‘94年のワールドカップに出場。帰国してからグレミオ、フラメンゴ、コリンチャンスでもプレーした。

にあった水タンクには何かが混入されていて、その水を試合中にブラジル人選手たちが飲んだ。この企みは、実際マラドーナが考えたものではなく、カルロス・ビラルド率いる指導者たちのものだった。このとき、アルゼンチンのベンチには2つの水タンクがあって、ひとつはきれいな水が入っていてアルゼンチンの選手たちが飲み、もうひとつは薬物が入っていてブラジル人選手たちのために用意された）

30

'78 年のワールドカップでプレーできなかったことは、ぼくの人生で最も辛い挫折だ。

（2005 年／当時の代表監督セサル・ルイス・メノッティは、ディエゴは経験不足だとして '78 年のアルゼンチン W 杯に召集しなかった）

神の手（'86 年ワールドカップ、イングランド戦での 1 本目のゴール）

31

1977 年のベルグラーノ・デ・コルドバとの試合以降、ぼくはヘディングでのゴールはしていない。あの時も本当はヘディングじゃなかったことを告白しなくちゃならないけどね。跳び上がって左手でボールにパンチしたよ。

（1979 年／アルヘンティーノス・ジュニアーズに所属していたとき）

32

"ロス・セボジータス" にいたとき、手でゴールしたことを覚えている。敵の選手たちはちゃんとそれを見つけてひどいケンカになった。それは悪いことだとはわかっている。でもエリアの中に入るとまず初めにゴールすることを考えてしまう。そして 2 番目にもゴール、3 番目にもゴールのことを考えてしまう。

カルロス・ビラルド：1939 年ブエノスアイレス生まれ。選手としてはそれほど実績はないが、監督として '86 年メキシコW杯優勝、'90 年イタリアW杯準優勝と、歴史にその名を刻んだ。国内ではエストゥディアンテス、ボカ・ジュニアーズ、そしてヨーロッパではセビージャの指揮を執った。戦術を非常に重視するところはヨーロッパ的な監督である。

（1980年／“ロス・セボジータス”はディエゴの子ども時代のチーム。10歳から13歳の少年たちがプレーした）

33

ぼくのかけがいのないものに賭けて誓うよ。イングランドのキーパー、ピーター・シルトンと一緒に跳び上がったんだ。でも、ボールは頭で当てたよ。ややこしくなったのは、キーパーのこぶしが見えたことさ。ゴールはヘディングだった。間違いないよ。ぼくは額にコブができたくらいだからね。ぼくはマラドーナの頭と神の手でゴールしたんだ。

（1986年6月22日／イングランド戦の直後、アステカ・スタジアムのロッカールームでの発言。ディエゴはここで初めて“神の手”という言葉を使った。しかし、決して自分を“神格化”しようとしたのではなく、神が彼を助けてくれたと言いたかったのだ）

34

メキシコの新聞では、1点目は“神の手”で入ったとぼくがコメントしたことになっている。でも、それは完全に間違いだ。ぼくが言ったのは、跳び上がったら、ボールの方からぼくにぶつかってきたということ。故意にやったんじゃない。ぼくは反対側からシルトンが手を出したのかと思っちゃったくらいだ。

（1986年6月23日／イングランド戦の翌日）

35

シルトン、君に秘密をひとつ話すよ。あのゴールは手でやったんだ。

（1998年／12年経っても、イングランドのゴールキーパーがマラドーナのずるいゴールに文句を言っていたので、とぼけて話した）

ピーター・シルトン：1949年イングランドのレスター生まれ。代表ではイングランド史上最多の125試合を戦い、リーグでは47歳で引退するまでに1390試合に出場した。所属したクラブはすべて国内だったが、マラドーナの“神の手ゴール”の“被害者”となり、世界に知られた。

36

イングランド人には本当に1000回でも謝りたい。でも、ぼくはあれをあと1001回やるかもしれない。ぼくは彼らが気づかないうちに素早く財布を盗んじゃったみたいだ。

（1998年）

37

神の手はいわゆる悪賢さだ。ヨーロッパのサッカーでは見かけないね。南米サッカーにだけあることなのかもしれない。ぼくはまたやると思うよ。ひょっとして、みなさんはぼくが審判に正直に言いに行くと思っていた？「セニョール、あれはハンドでした。取り消してください」って……。

（1998年）

イングランド戦での2本目のゴール

（FIFAはこれをワールドカップ史上最高のゴールに選んだ）

38

あれは美しいゴールだったけど、驚くようなものじゃない。ラクエル・ウェルチは驚くようなスタイルだけど、ゴールじゃない。

（1986年6月22日／イングランド戦のあと、アステカ・スタジアムのロッカールームで）

39

センターラインあたりでパスを受けると、ぼくは楽しくなっちゃう。

（1986年）

40

イングランド戦の2本目のゴールを改めて見たとき、何かウソみたいな感じだった。

（2001年／自分の偉大なゴールをまだ信じられない）

41

あのあと、ピーター・シルトンはポテトチップスのあの箱みたいにピッチに倒れていた。

(2004年／ゴールを食らったイングランドのゴールキーパーをからかって)

42

イングランドの白いユニフォームの選手たちが、扇子であおいでるように右へ左へと消えていった。

(2004年／ドリブルで突進したときの様子を語った)

capítulo 6

El poder

ブッシュ　2005年、アルゼンチンのマール・デル・プラタで開催された米州首脳会議のとき、マラドーナはジョージ・ブッシュの名前にナチスの鉤十字がはめ込まれたデザインのTシャツを着て抗議集会に参加した。右は、この直後ボリビア大統領に選出されることになるフアン・エボ・モラレス。

第6章

権力

ディエゴ・マラドーナは、現在もそうだが、かつても人びとに強い影響力を持つ人物だった。それゆえ多くの政治家が彼に近づき、同様にその反対もあった。彼も力のある人たちに媚を売っていた。とくに初期はそうだった。重要な人物に近づいていって、その人が手を広げて彼を受け入れると、ディエゴは幸せを感じ、居心地がよかった。新しい世界で、有名人を撮ろうというカメラマンに囲まれ、フラッシュを浴びて有頂天になった。

しかし、すぐに、ディエゴは柵の後ろにさがっていった。ライフル銃を手にし、権力のある人たちや一般の人たちが前方に姿を現すと、彼らに狙いを定めた。彼はアンチヒーローにシフトチェンジして、反逆者となり、弱者の側に立つようになった。アメリカ大統領のジョージ・ブッシュを攻撃し、キューバのフィデル・カストロを支持した。'80年代はアフリカの権利を盛んに擁護する発言を繰り返し、最近はアフガニスタンやイラクの人びとに共感を示した。これはたぶん、よく研究された戦略だ。さもなくば、仲間を失って権力をたっぷり手にした人間の正直な反応なのかもしれない。

こうしてさまざまな出来事が起こった。例えばディエゴはローマ法王フアン・パブロ二世にも批判の言葉を投げつけた。初めの2回のバチカン訪問（1979年、1985年）では、ディエゴは教皇へ畏敬の念を示した。しかし、'90年代に入ると、彼の生活はすさみ体調も最悪な時期になってきて、それと時を同じくして、マラドーナは絶え間なく教皇を攻撃し始めた。彼の攻撃はエスカレートして、ついには教皇を公然と批判すべき最大の敵のひとりにしてしまった。

しかし、なぜディエゴはそれほどまでに怒りを込めてフアン・パブロ二世

【ラテンアメリカの抗米枢軸】

グローバリゼーション（全地球化）やネオリベラリズム（新自由主義）という用語に象徴される現実が世界全体にその影響・支配力を及ぼし始めるのは、東欧・ソ連の社会主義圏において次々と体制崩壊が起こった1990年前後以降だと言えよう。自由市場経済が、世界的な普遍性をもつ、唯一有効な原理だとする考え方に、その後の世界は席巻されてきていると言える。

この点で、ラテンアメリカ地域は例外である。世界に先駆けて、すでに1970年代から新自由主義経済の洗礼を受けてきた。それは、小国ではあるが「革命キューバ」がもつ深い影響力を警戒した米国や国際金融機関が、「第２のキューバ」を許さないために、ラテンアメリカ地域には特別なテコ入れを行なったからである。それはまず、反体制運動の高揚によって社会的に「不穏な」情勢になった国において、軍事クーデタを起こすことから始まる。そして制御しやすい軍事政権を通して、一連の新自由主義的な経済改革を行なうよう仕向けるのである。

新自由主義とは、ラテンアメリカのような貧富の差が激しいところにあっても、その格差を是正するよう

に攻撃を仕掛けたのだろうか？　教会が彼を個人的に傷つけたとでも言うのか？　それは違う。しかし、マラドーナはすでに反逆することに心地よさを覚えていた。それは、言葉による破壊だ。こうして、彼はさまざまなテーマに関して多くの発言をするようになる。ある人びとは「マラドーナが言ってることは、本当には考えてないこと」だとうすうす感じたりもしたが、それでも多くの人びとは、ディエゴは「考えていることをそのまま口にする」と、その小気味よさに賞賛を惜しまなかった。

ディエゴはサッカー選手になりたてのころ、ローマ法王を賞賛していた。それにスクラップやデータベースには若いころのマラドーナがアメリカ合衆国の崇拝者だった証拠がたくさんある。しかし、例えばこの10年のディエゴは、反対に完璧に左翼の人間になっている。アメリカの敵、キューバには非常に強い絆を感じ、ブッシュへは断固として敵対している。ディエゴはアメリカ大統領のことを“暗殺者”とまで呼んでいる。

ディエゴの体には3つのタトゥーが入っている。ひとつは彼の娘たちの名前だ。そして残りのふたつはフィデル・カストロの顔と、ディエゴの同胞でキューバの共産革命に重要な役割を果たしたチェ・ゲバラの顔だ。最近ディエゴが親交を結んだ政治家は、ベネズエラの“問題児”、カストロの仲間であり盟友、そしてブッシュの鬱陶しい敵であるウーゴ・チャベス大統領だ。2005年、米州首脳会議が開かれていた間、マラドーナはずっと街頭に出て、アメリカの指導者を非難するデモや集会に次から次へと参加していた。ヨーロッパのメディアはディエゴがアンチ・グロバリゼーション運動の偶像的な存在になったと一斉に報道した。

また、マラドーナは事あるごとに国内政治についてコメントを残している。

な抜本的な施策をとることもないままに、市場原理に基づく経済の自由化と規制緩和を強行する政策路線のことである。それが弱者切り捨てに他ならなかったことを身をもって体験したラテンアメリカ地域において、米国や多国籍企業の言いなりにはならないとする政権が、2000年前後から次々と成立していることは注目に値する。最初に成立したのは、1999年のベネズエラ・チャベス政権であった。以後2006年までに、チリ、ブラジル、アルゼンチン、ウルグアイ、ボリビアなどで相次いで左派政権が成立している。

2004年12月には、南米12ヵ国が「南米共同体」を発足させて、米国に対抗しながら政治・経済統合を図る歩みが始まっている。2005年11月にアルゼンチンで開催された米州首脳会議では、米州自由貿易圏（FTAA）形成に向けての交渉再開を主張する米国に対してラテンアメリカ左派政権が団結し、米国の主張を押し切った。今後の行く末は予断を許さないにしても、超大国＝米国による世界の一元的な支配が続いているだけに、ラテンアメリカのこの動向が注目されるのである。

経済危機が起こった2001年の暮れにも、ディエゴは毎日のようにメディアで発言しつづけた。あの時は国内経済が破綻し、銀行は個人口座からの預金引き出しを制限し、国民は預金が没収されてしまうのではなかと不安に駆られた。あの時は毎日のように、政治家たちは街頭で鋭く告発され、泥棒だと糾弾され、腐敗を追及された。ディエゴはこのときも政府や行政にかつてない激しさで批判を繰り返した。

マラドーナに有利に働いたポイントは、かつて一度も自ら政治に参加したことがないということだ。彼が政治的、金銭的に汚れた人間ではないということが、多くの人びとの信頼をかちえ、彼の言葉は国民の心に届いた。彼が稼いだお金はすべてサッカー選手として稼いだものであり、国家の役職を得ての報酬は一切なかった。マラドーナはいつも政治に関しては、権力の外から民衆と共に参加していた。確かに、彼の発言にはそれなりのデマゴーグの部分があったかもしれないが、ディエゴは決して国民を裏切ったり、迫害することはなかった。

かくしてディエゴは表の世界でも完全に“反逆児”となった。かつて、麻薬に溺れ、何度もピッチで“神の手”を使ったマラドーナが、ついに新しい伝説を築き上げることに着手した。

01
誰もアフリカで子どもが１日３万人死んでるなんて想像していない。
(1985 年／ディエゴは社会への問題意識を持ち始めた)

02
政府庁舎のバルコニーに立って、集まった人びとに挨拶したとき、ぼくは国の大統領になったような気分だった。
(1986 年／アルゼンチンがメキシコ W 杯のチャンピオンとして帰国し、ときの大統領、ラウール・アルフォンシンを訪問したとき、マラドーナはバルコニーに出て、庁舎を囲んだ人びとにトロフィを掲げた)

03
この国にはもう解決策が尽きた。魔法使いまでが飢えて死んだ。
(1987 年／アルゼンチンの将来を憂えた初めての言葉)

04
ぼくはみんなの前で政治の話はしない。これはぼくが自分の人生に課している一貫した方針だ。
(1989 年／マラドーナはだんだん警戒心が強くなっていった)

05
テレビは大きな権力を持っている。彼らは自分の都合がいいときに試合をさせている。軍事政権の時代にいるみたいだよ。
(1994 年／アルゼンチンではテレビの都合で試合のスケジュールが変わる。ディエゴは過去の軍事独裁政権みたいだとテレビを批判した)

06
ぼくは政治家より有利な立場にある。彼らは公けの人だけど、ぼくは人気者だ。
(1996 年／国から権力を与えられ、汚職の疑惑をもたれている人と違って、ディエゴは国民から力をもらっていると言いたかった)

07

ぼくは完璧に左派だ。足も信念も頭脳もそうだ。

（1996年／自分のイデオロギーと自分が左利きだということをひっかけた）

08

マルビーナス諸島では、ぼくらはチョコレートで作った大砲すらなかった。

（1999年／ディエゴはアルゼンチン軍の装備の劣悪さを怒っていた）

09

アルゼンチンの政治家はこの2000年の間、ずっと国民に罪を犯している。

（1999年／政治家への絶望）

10

政治家になることは頭の病気になることだ。

（1999年／政治家というのは、泥棒で堕落して役立たずというのがアルゼンチン人の一般的な見方だ）

11

最近はスリッパを盗むために、人の首を切る強盗もいる。

（1999年／アルゼンチン社会で暴力事件が増大していることを憂えた。大して価値のないものを盗むための殺人も起こった）

12

アルゼンチンでは、愚か者たちは蟻んこだと言われる。いつも一緒になって姿を現す。

（1999年／大統領選に立候補した政治家たちへの皮肉）

13

アルゼンチン人は南米では賢い方だと言われている。でも実際はひどい愚か者だ。どうせなら銀行をやればいいのに、ちっぽけな店に泥棒に入ってる。

(1999年／ラテンアメリカではアルゼンチン人は賢くて、抜け目ないと思われている。でも本当に目鼻が利く国民だったら、もっと効果のあることをしているはずだという喩え)

14

軍部はぼくたちにシエスタ〔昼寝〕させて、その間に誘拐していた。

(2000年／アルゼンチンでは軍事政権下(1976—1983)で3万人の行方不明者が出た。国民は暗殺者の恐怖に怯えていて、街頭での抗議行動もできなかった)

15

ぼくは投票に行かないことは国家との約束を果たさないことだと言っていた。でも今は違う。投票するってキニエラをやるようなことだと思う。それも、裏では買収があったりなかったり。

(2001年／アルゼンチンでは投票は義務だ。でも、10年ほど前から政治家不信で、多くの市民が白紙投票するようになった。ある者はこの無関心を国家への約束放棄だと糾弾し、マラドーナもその立場だったが、やがて彼もこの無関心に理解を示した)

16

アルゼンチンではいつも同じことが起きる。それは同じ試合が4万回放送されたような感じだ。

(2001年／政治的、経済的な問題が性懲りもなく繰り返されていることを、サッカーの試合の再放送に喩えた。この年、アルゼンチンは経済危機に陥って、市民は銀行預金を引き出せなくなった。この国では‘70年代の末にも同じことが起こっている)

17

アフガニスタン人が大変だって？　でももっと苦しんでいるのはア

ルゼンチン人だよ。

（2001年／経済危機のひどさを訴えた）

18

この国は敵のゴールまでもたどり着けない。

（2001年／アルゼンチンの経済・社会があまりに脆弱なことを批判した）

19

政治家たちはぼくたちをスッテンテンにした。やつらは泥棒だよ。

（2001年／政府与党は無能、腐敗を晒した）

20

政治家たちはみんなトラの皮みたいに汚れている。

（2002年／権力者たちは尊敬に値する人たちなのか！　ディエゴはトラの斑点を汚点と喩えた）

21

暴力事件の増大が止まらないとアルゼンチンはコロンビアのようになってしまう。コロンビアでは誕生日を迎える人たちより死者の数の方が多い。

（2003年／アルゼンチンにおける誘拐と暗殺の増加を指摘した。コロンビアでは麻薬密輸をめぐる紛争が絶えない）

22

ぼくは権力と寝ないし、泥棒もしない。だから国民はぼくを抱擁してくれるんだ。

（2005年／ディエゴは他の有名人とは違い、自分の人気を政治に利用したり、国家に雇われることもなかった。アルゼンチンでは政治家への信望は非常に低い）

アメリカ合衆国

23

アメリカはアルゼンチンの次にいい国だ。

(1980年／20歳のディエゴは、世界で最も力のある国に共感を持っていた)

24

アメリカは武器を売るために戦争を起こして、売った後は、その国を野蛮だと非難する。

(1996年／すでにアメリカへの幻想が消えていた)

25

アメリカは忌まわしい国だ。悪意があって偽善的だ。

(1996年)

26

ビル・クリントンは好きじゃない。他のアメリカ人も同じだ。

(1999年／アメリカ大統領への拒絶反応)

27

AMIAに爆弾が仕掛けられたとき、ヤンキーたちはぼくらがアホだと言っていた。でも、見てごらん、今彼らに何が起こったか。

(2001年／マンハッタンのツインタワーが攻撃されたときの言葉。AMIAはブエノスアイレスのユダヤ人地区。1994年に爆弾テロに遭い89人が死に12人が行方不明となったが、犯人は今も不明だ)

28

アメリカの広告は本当にひどい。マイケル・ジャクソンにふたりの息子がいたと思わせたいみたいだ。

(2001年／ディエゴはマイケルに親権を与えるべきでないと思っていた)

29

アメリカがアフガニスタンで勝つのははっきりしている。スター軍団がユパンキ相手にサッカーをするようなものだ。

（2001 年／ユパンキはアルゼンチンのプリメラ D というプロの最下位カテゴリーに属するチーム）

30

もしこれが続けば、アメリカは星条旗をぼくたちに突き刺してくるだろう。

（2001 年／アルゼンチンがどんどん貧しくなって、アメリカ帝国主義が野心を増大させているというディエゴの心配）

31

アメリカはアルゼンチンの首に手をかけて血を抜いている。

（2002 年）

32

ブッシュは暗殺者だ。ぼくはフィデル・カストロの友だちになるほうを選ぶね。

（2003 年／イラク侵攻を批判して）

33

アメリカはぼくの麻薬歴を口実に入国を許可しない。でも、カリフォルニアの州知事は 100％アナボリックでできたアーノルド・シュワルツネガーだ。

（2004 年／アナボリックは筋肉増強剤の一種）

34

イラクとアフガニスタンでブッシュがやったことは野蛮に思える。

（2005 年）

35

アメリカが介入してクウェートを守ろうとしたのは、石油があったからだ。それを忘れてはならない。ユーゴスラビアにはなんで介入しなかったんだって？　それは、あそこには石ころしかなかったからだよ。

(2005年)

フィデル・カストロとチェ・ゲバラ

36

ぼくは結婚式にフィデル・カストロを招待した。それは、ぼくの隣に生きた歴史に座ってもらいたかったからだ。

(1989年／キューバの首相に対する共感。でも結局カストロは結婚式には来なかった)

37

フィデル・カストロのためなら命を投げ出してもいい。

(1995年)

38

フィデルはぼくの考え方を明快にしてくれた。

(1996年)

39

ぼくはフィデルの友達だってことが自慢だ。生きてる歴史的人物で最も偉大な人だ。ぼくは共産主義者じゃないけど、死ぬほどフィデリスタ〔フィデル主義者〕だ。

(2000年)

40

あらゆる学校でチェ・ゲバラがどんな人だったのか教えるべきだ。

アルゼンチン政府は彼の遺体の返還を求めるべきだ。

(2000年／チェ・ゲバラの遺体が生地のアルゼンチンではなくキューバに埋葬されたことを問題にした)

41

チェ・ゲバラへの心からの忠誠の誓いは右腕のこのタトゥーだ。

(2000年／マラドーナは、脚にはフィデル・カストロの顔のタトゥーを入れている)

42

アルゼンチンではカネのないヤツは死ぬ。キューバではそうじゃない。

(2001年／キューバの共産主義制度を擁護した)

43

フィデルがぼくの記念試合に来てくれたら、それは神様相手にペナルティキックを蹴るような感じだろう。

(2001年)

44

フィデルはサッカーを習いたがっていたので、この前、ぼくは彼にオフサイドのルールを説明した。

(2001年／キューバではサッカーはそんなにポピュラーじゃない)

45

フィデルは79歳だけど輝いていた。インタビューが終わったときぼくはちょっと濡れた。

(2005年／フィデル・カストロとマラドーナが最近一緒に姿を現したのは、アルゼンチンのテレビ番組『10番の夜』でのことだった。“ちょっと濡れた”は射精を連想させる下品なアルゼンチンの隠語だが、ここではフィデルへの敬意の深さを表現している)

46
キューバではみんなが食べている。アルゼンチンでは 100 人のうち 10 人が食べて、90 人は食べられない。

(2005 年/マラドーナはキューバでも貧困があることを認めているが、何しろみんなが食べているということを言いたかった。一方、アルゼンチンでは栄養失調で死ぬ人がいた)

47
フィデル・カストロは神のようだ。誰も彼ほどの頭脳を持っていないし、彼ほどの思考力もないし、彼ほどの人間性もない。このインタビューはひとつの夢の実現だ。これはテレビ番組としては最高のものだよ。フィデルにはぼくの人生で最も大きくて熱い抱擁を捧げた。

(2005 年/ディエゴがホストを務めるテレビ番組『10 番の夜』にフィデル・カストロがゲストとして出演することになった。ディエゴはハバナに行き、フィデルにインタビューを行なった)

ウーゴ・チャベス

48
チャベスは防衛のために軍備を整えている。アメリカも同じように軍備を増強している。でも違うのは、アメリカはアフガニスタンやイラクで人を殺す権利があるみたいだけど、ベネズエラ人はそんなこと考えていない。

(2005 年/ベネズエラはキューバと親密な関係にある。ウーゴ・チャベスは 1999 年以来ベネズエラの大統領。「ボリバリアーナ革命」の名の下に、新自由主義と米国の一元支配に抵抗する独自の革命路線を推進している)

49
ウーゴ・チャベスとベネズエラの革命を愛する。でもぼくは女性の方が好きだけどね。

(2005 年/ベネズエラ大統領への無条件の支援を誓う)

EL PAPA =フアン・パブロ二世

50

パパに会えたことは忘れがたいことだ。脚が震えた。ぼくは倒れてしまうのではないかと思った。あれは最高の瞬間だった。

（1979 年／フアン・パブロ二世と初めて会ったとき）

51

寛大にもぼくたち家族みんなに会ってくれた。ぼくの人生で最高に美しく価値ある出来事だ。ぼくはすごく感動している。これは言葉では表現できない。両手で天国に触れるような感じだ。ほんと、信じられなかった。

（1985 年／フアン・パブロ二世と 2 度目の会見を終え、バチカンを去るとき）

52

パパはディノサウルスだ。ありえないよ。

（2000 年／高齢批判）

53

どうしてこんなにひどいことがありえるんだ。お腹を空かした子どもがいるのに、ここは天井が金でできている。

（2000 年／バチカンが金で埋まっていることへの素朴な疑問）

54

パパを訪問することは二度とないだろう。彼は退屈な人で、その上ゴールキーパーだったときている。

（2001 年／マラドーナとの会見で、パパは小さいときキーパーをやりたかったと言った。しかし、マラドーナはよくチームで一番間抜けなのがキーパーになると言っていた）

55

バチカンに初めて入ったとき、天井が全部金でできているのを

見て、怒りがこみ上げてきた。

（2004年）

56

パパは各国を訪れているけど、床にキスするだけで何にも残していかない。それがぼくにはガマンできない。バチカンは天井が金でできていて、神様はそれが気に入らないはずだ。亡くなったことは残念だけど、少なくとも地上で彼は人間だったということだ。

（2005年／フアン・パブロ二世が亡くなって）

アルゼンチンの政治家

57

このパスポートのことは、大統領殿にありがとうって言いたい。

（1990年／カルロス・メネムがディエゴをアルゼンチン共和国の移動スポーツ大使に任命したときの言葉。メネムは評判の悪い大統領で、彼が在任した1989年から1999年はあらゆる面でアルゼンチンは後退を余儀なくされた。しかし、マラドーナは彼と常に良好な関係を保ち、メネムはイタリアW杯のときディエゴをこの名誉大使に任じた）

58

大統領がぼくに頼んできたら、政治家になってもいい。

（1996年／世に知られていない言葉。ディエゴはいつも政治から離れていることを誇りにしていた。どちらにしても、当時の大統領、カルロス・メネムは彼に何も頼まなかった）

59

コッポラの件を説明すると、彼らが3－0で勝っていて、ぼくらはもうピッチにいなくて彼らがボールを持っていて、審判は買収されてて、彼らが競技場を借りていたんだ。ぼくらがこの試合展開を変えるのは至難の業だった。

（1999年／エルナン・ベルナスコーニ裁判長の判決で、ディエゴの代理人であり友人であるギジェルモ・コッポラは麻薬所持と売買の罪で何ヵ月も刑務所に入れられた。でも、結局、裁判長が政治的圧力を受けていて、証拠がすべて捏造されたものだとわかり、コッポラは釈放された)

60

カルロス・メネムで決して許せないことは恩赦だ。ぼくは死んでも行方不明になった若者たちの母親の味方だ。

(2000 年/アルゼンチンでは、軍事政権下の 1976 年から 1983 年の間に約 3 万人の行方不明者が出た。のちにこの事件に関与した多くの軍人が逮捕されたが、カルロス・メネムは大統領在任中(1989—1999)に、彼らに恩赦を与えてしまった。マラドーナはこの決定に不満を表明し、抗議する行方不明になった若者たちの母親に共感を寄せた)

61

エルナン・ベルナスコーニはすごく速かったよ。彼は野うさぎのケツに座薬をぶち込むことだってできた。

(2000 年/マラドーナは常々、ベルナスコーニがコッポラ逮捕のために証拠を偽造してると訴えていた。だからベルナスコーニは野うさぎのようにさっさと結論を出して終わらせようとしていたという。でも、結局はベルナスコーニの方が解任されてしまった)

62

エデュアルド・デュアルデは下水道より汚いやつだ。

(2001 年/デュアルデはブエノスアイレス県の知事で、後にアルゼンチンの大統領になった。マラドーナはいつも彼がモラルと尊厳に欠けていることを指摘していた)

63

もし砂漠でデュアルデに会ったら、アンチョビーを投げつけてやる。

(2001 年/デュアルデはマラドーナの敵。アンチョビーは塩っ辛くて、砂漠じゃ一番不要なものだ)

capítulo 7

Periodistas, dirigentes, árbitros

記者　いつだってマラドーナが話せば、記者やカメラマンが彼を取り囲む。世界のどこのサッカー場でも、彼はプレッシャーのなかでプレーしていた。

第7章

記者、首脳陣、審判

何年も前から、ディエゴ・マラドーナは体制側の人たちに反抗する者として立場を明確にしていった。彼は力のある人たちに文句を言い、彼らのやっていることを執拗に批判した。また、ピッチの外、社会的な生活では、権力者たちの敵になる道を選んだ。そして、その敵が大物になればなるほど彼の口から飛び出すダーツは鋭く的を射た。それゆえ何度もジョージ・W・ブッシュやローマ法王フアン・パブロ二世を非難し、サッカーの世界で頂点に君臨する最高権威のFIFAに対しても批判を浴びせた。

サッカーでの彼の経歴はFIFA前会長、ブラジル人のジョアン・アベランジェと時を同じくした。マラドーナが絶頂期を迎えていた'80年代、このふたりは正常な関係を保っていた。彼らは友だちではなかったが、敵でもなかった。しかし、'90年ワールドカップ決勝のあと、ふたりの間で何かが壊れてしまった。ドイツが86分に幻のファウルでペナルティキックを得てアルゼンチンの負けが確定したとき、何かが変わった。審判のメキシコ人エドガルド・コデサルの疑惑の判定に、マラドーナは"黒い手"という言葉を使って非難を繰り返した。

この時点では、彼の言葉は往生際の悪い敗者のデマのように思われた。実際、この大会におけるアルゼンチンの第2戦では、このマラドーナ自身が明らかに手を使ったプレーをしていた。そのとき、相手チームのソ連にペナルティキックが与えられてよかったのに、審判はファウルをとらなかった。すでに、マラドーナはこのワールドカップでかなりの悪役になっていたのだ。

しかし1999年、この事件は意外な展開を見せた。メキシコ審判連盟会長が、FIFAはコデサルに指示を出して、ドイツに勝たせるように仕組んでいたと暴露した。そして多くの人びとは、あの試合のあとにマラドーナが盛んに口にしていた言葉を思い出すことになった。

とにかくマラドーナはあの決勝の試合のあと、アベランジェを憎んだ。初めはまだ、たとえば、「アベランジェが水球の選手だった」とかいうユーモアが感じられる悪口だった。でも、マラドーナが‘94年のワールドカップでドーピング検査に引っかかってからというもの、その批判は容赦なく激しさを増していった。ついにはアベランジェが泥棒で最低なヤツだと露骨に言い始めた。アベランジェの後継者となったスイス人のジョセフ・ブラッターも、のちにふたりは良好な関係を取り戻す時期もあったが、当時はこの批判の外にはいられなかった。現在のふたりは、一定の距離を置いて互いに敬意を表するといった感じになっている。

ディエゴはまた、アルゼンチンのサッカー・クラブの首脳陣とも、何度も何度も悶着を起こしている。AFA会長でFIFAの副会長でもあるフリオ・グロンドーナへも、数々の批判を浴びせた。そのひとつが“あいつは亀に逃げられた”というものだった。'90年代だったが、在アルゼンチン米大使だったジェームス・チークの息子の可愛がっていた亀が“逃走”したと言うニュースがアルゼンチンで大きな話題になった。庭で飼っていた亀が逃げたというのだ。このニュースはあっという間にアルゼンチンの人びとの間に広まった。それは、あの動きの遅い亀に逃げられるなんて……という驚きからだった。そして、マラドーナはそれを面白がって何度も使った。「亀に逃げられるほどマヌケなヤツ」というわけだ。

ディエゴは循環気質でいわゆる躁鬱を繰り返した。彼の代理人たちとの関係もその気持ちの揺れから無関係ではいられなかった。彼には３人のマネージャがいた。ホルヘ・システルピレール、マルコス・フランチ、ギジェルモ・コッポラだ。しかし、ディエゴは３人の誰とも最終的にいい関係を維持できなかった。

とくに、コッポラとの関係は最もドラマティックだった。何年もコッポラはディエゴの親密な仲間であり、友人であり、兄弟のようだった。彼らの関係は特別で、「ふたりの間に欠けているのは“愛”だけだ」とコッポラがうれしそうに言うほどだった。しかし、こうした睦言を言える日は、思ったより早く終わった。2004年、マラドーナはコッポラが裏切り、お金を騙し取ったと悲痛な告発をすることになる。それ以降、彼の金銭面の管理は別れた妻のクラウディアに任されることとなった。ディエゴは彼女と離婚しているが、心から信頼できる最後の人間はやはり娘たちの母親だったということだ。

マスコミとの関係ではディエゴはまさに二元論者だった。彼ははっきりと、いいヤツらと悪いヤツら、友人の記者と敵対する記者とに分けていた。ディエゴは基本的にはマスコミの人間とも素晴らしい、兄弟愛を感じるような、正直な付き合いをしたが、一部の記者たちには棒で追い払うような扱いをした。

マスコミとの関係が最も緊張したのは、1994年のアルゼンチンの夏だった。彼は後味の悪いかたちでニューエルス・オールド・ボーイズ・デ・ロサリオを退団し、アメリカのワールドカップへの出場が危なくなっていた。彼には所属クラブがなく、開催まであと６ヵ月を切っていた。マラドーナはよく行く場所には姿を見せなくなった。マスコミがついに彼を見つけたのは、ブエノスアイレスから 40 キロほど離れたモレーノという町の、夏の別荘でだった。

100 人以上の記者がその家を囲み、彼とのインタビューを望んだ。そしてテレビの熱心なレポーターの何人かが、敷地と通りを隔てる塀に穴を開けたり、高い塀の上から家の中のマラドーナを撮影し始めた。

マラドーナはとてもイライラして、ついに門のところまで出向いて、記者たちに「もう帰ってほしい。ぼくが次に戻ってきたときは、ひどいことが起こるぞ」と警告した。しかし、記者たちは固い意志でその場を離れなかった。そして、ディエゴもその警告に込めた固い意志を変えなかった。悲劇は起こった。

評判の悪い２人の友達に伴われて、マラドーナは猟銃を握りしめ、何度も何度もゴム弾を発射した。そのうちの何発かが３人のカメラマンに当たり、彼らは軽いケガを負った。そしてマラドーナは彼らによって訴えられ、彼の不名誉な写真は世界に配信されたのだった。

2005 年、あれからずいぶんと長い年月が流れた。マラドーナは立場を変えて登場してきた。マイクを持ってインタビューする側にやってきた。彼は自らがホストとして出演する『10 番の夜』という番組を持つこととなった。番組には、ゲストとしてフィデル・カストロ、マイク・タイソン、ジネディーヌ・ジダンなどといった、世界の有名人が登場してきた。彼らはみんなマラドーナの友だちだ。番組の感想を聞かれて、まるで試合のピッチに立っているように気分がよかった、とマラドーナは言った。番組の放送は2005年8月から11月まで、ワンクールの13回だけだったが、毎回高い視聴率を獲得した。ドイツW杯のあと、また2006年には再開されるかもしれない。そこで彼はまた、権力者たちに辛らつな批判を繰り返してくれることだろう。

FIFA、AFA、クラブ首脳陣

01

ここには黒い手があった。残念なことに、具体的に名前を挙げるほど確たる証拠はない。でもエドガルド・コデサルはPK戦になることを恐れていた。あのとき、ぼくはあの黒い手がこれほど重大な結果を招くとは思っていなかったけど、彼らのやったことはすごい衝撃だ。

(1990年/疑惑のPKでアルゼンチンがドイツに負けたイタリアW杯決勝戦の直後)

02

ぼくはいつも歴史の反抗者だった。だから1990年のワールドカップ決勝以来、アベランジェ(FIFA会長、1974―1998)には手を貸さなかった。

(1991年/マラドーナは決勝戦のあとの授賞式で、FIFAの会長を無視した)

03

ジョアン・アベランジェは水球の選手だった。サッカーのことなんて何も知らない。

(1992年/マラドーナはアベランジェがサッカー選手じゃなかったことを何度も皮肉った)

04

FIFAには家族がないみたいに見える。

(1994年/マラドーナに15ヵ月の出場停止処分を科したFIFA首脳陣の冷酷さを非難した)

05

FIFAはワールドカップからぼくを締め出した。でもぼくからサッカーを泥棒することはできない。

(1995年/それでも、サッカーを続けたいという意志表示)

06

エフェドリンを飲んだあとに走るアベランジェを見たかったよ。少なくとも2メートルは走ってもらいたかった。

(1995年／'94年ワールドカップでマラドーナはエフェドリンでポジティブとなり追放された。だがディエゴによると、エフェドリンは運動に効果を発揮するどころか、その逆の作用があるという)

07

アベランジェは半ズボンにサッカー選手のシューズを履いて、愚かなことをやっている。

(1995年／FIFA会長が89歳のとき、マラドーナは再び彼がサッカー選手じゃなかったことを批判した)

08

ダニエル・ラリンにも髪にメッシュを入れてほしい。

(1995年／ラリンは元ラシン会長で、クラブ運営でいろいろと問題を起こしていた。マラドーナは当時、髪の一部を金髪に染めていて、ラリンは完璧なハゲだった)

09

フランシスコ・ラモリーナは2リットルのワインを飲んでから試合に出てくる。

(1995年／ディエゴがラシンでテクニカル・ディレクターを務めていたとき、試合が始まる前にアルゼンチン人審判のラモリーナをおちょくった。ただ根拠のない批判で、批判対象の審判はラモリーナでなくてもよかった)

10

ボカの首脳陣は水色のドル紙幣より偽っぽい。

(1997年／首脳陣が約束を守らなかったことへの怒り)

11

お前はその顔でテレビに出ちゃいけない。視聴者に恥ずかしい。

（1997年／アルゼンチンのプリメラ・ディビシオンに属するデポルティーボ・エスパニョールの会長、フランシスコ・リオス・セオアネに対して、ディエゴはある番組で罵倒を繰りかえした）

12

コラード・フェルライーノは飛行機に乗って鬼ごっこしていればいい。

（1997年／飛行機ばかり乗っているナポリの会長をコケにした発言）

13

マタレッセ、フェルライーノ、ブラッターはマフィアだ。'90年ワールドカップで彼らは大金をくすねた。そして、さらにたくさんくすねるために、あの試合はどうしてもイタリアに勝たせたかった。でも、結局、PK戦で勝ったのはアルゼンチンだった。

（1997年／'90年ワールドカップで権力を振るった3人の理事たちへの挑発的な言葉。ジョセフ・ブラッターは当時まだFIFAの副会長、アントニオ・マタレッセはイタリア・サッカー連盟のボス、コラード・フェルライーノはナポリの会長だった。マラドーナはこの3人を敵とみなしていて、彼らはワールドカップで不当にお金を稼いだと攻撃した。ディエゴはこの"マフィア"っぽい権力者たちが、イタリアを何としても決勝まで進ませようと画策していたと糾弾した）

14

もうすぐ偽善者たちの正体が暴かれる。ヤツらは一度もサッカーボールを蹴ったことがなく、人びとをだまし続けてきた。1991年、ナポリに所属していたとき、ぼくはドーピング検査でポジティブとなった。それは、アルゼンチンが前年のワールドカップでイタリアを負かしてしまい、彼らがお金をたくさん損して怒っていたからだ。

（1997年／FIFAの理事たちの考えがサッカーやそのファンから遠く離れていることを非難した）

15

あとはもう、いつかジョセフ・ブラッター（1998年からFIFA会長）が立ち上がって、決められた通りにやれって言えばいいだけじゃない？

（1997年／ワールドカップを2年ごとに開催しようというブラッター案が出されたとき。ディエゴはあきれて……）

16

フリオ・グロンドーナは足の不自由な亀に逃げられた。

（1997年／グロンドーナはこの25年間アルゼンチン・サッカーのトップにいる。さらにFIFAの最上級副会長で、スイスの理事たちの給料がいくらなのかを知る、数少ないひとりだ。ディエゴとグロンドーナの関係はいつも不安定だったが、'94年アメリカW杯で制裁を受けたとき、グロンドーナが反対すれば15ヵ月の出場停止処分をもっと軽くできたはずだと、ディエゴは不満だった）

17

'94年のアメリカW杯でブラジルはチャンピオンになるはずだった。辞任が決まっていたアベランジェは、そのワールドカップの結果に大きな関心を寄せていた。ウソじゃない。

（1997年／FIFAの会長、ジョアン・アベランジェは大会後の辞任が決まっていた。ディエゴによれば、アベランジェは祖国ブラジルがアメリカW杯のチャンピオンになるようピッチの外で強い影響力を振るっていたという）

18

アベランジェは弾をこっちに売って、ライフルをあっちに売った。

（1997年／ディエゴは元会長におかしなダブルスタンダードのモラルがあったことを批判した）

19

元水球選手がサッカーの何を知っているというんだ。

（1997年）

20

アベランジェは３のつく硬貨より嘘っぱち野郎だ。

（1997 年／３ドル硬貨、３ペソ硬貨、３ユーロ硬貨は存在しない）

21

アベランジェはアルゼンチン国民に糞をたれた。

（1997 年／ '94 年ワールドカップでの制裁にまだ怒りが収まらない）

22

ジョアン・アベランジェの HP は doroboo.com と呼んでやる。

（1998 年）

23

アベランジェにぼくのお父さんだって言ってもらいたくない。ぼくには誰よりも大事なお父さんがいるし、彼のような最低なヤツの息子じゃない。ぼくのお父さんがあんなんだったら、ぼくはもう死んでいたよ。

（1998 年／アメリカ W 杯で FIFA がマラドーナに制裁を下したとき、アベランジェはその決定をひどく残念がって、ディエゴは自分の息子のようだったのにと悲しんだ）

24

ジョセフ・ブラッターが FIFA の選挙を勝ったね。これで彼もアベランジェとつるんで泥棒できるね。

（1998 年）

25

ブラッターはぼくを息子のように好きだという。ウ〜ン、そうなればぼくはイッホ・デ・プータ〔直訳すると娼婦の息子〕だ。

（1998 年／ブラッターもアベランジェと同じく、マラドーナには自分の息子同様に愛情を感じると言っていた。イッホ・デ・プータはスペイン語でよ

く使われる侮蔑の言葉。だが決して言葉通りの意味はない）

26

ほら見てみろ。アベランジェはブラジルの国会議員たちから麻薬と武器の密輸で調査を受けたっていうじゃないか。きっと水球のボールの密売でも調べられているよ。

（1999年／ブラジルの雑誌に、アベランジェが武器密輸の疑いで国会から調査されるという記事が載ったときの発言。しかし、実際にアベランジェがこの件で国会で証言したという事実はない）

27

サッカークラブの首脳は、冷蔵庫を開けて明かりが顔に当たっただけで笑顔になる。ヤツラはシャロン・ストーンより写真が好きだ。

（1999年／クラブ首脳の中には、冷蔵庫の明かりにも笑顔で反応するほど、記者たちから写真を撮られたり、マスコミに出るのが好きな人がいるという皮肉）

28

ぼくは自分の病気を認めるよ。でも、FIFAの首脳陣も違う病気を持っている。泥棒病、恥知らず病だ。彼らは泥棒中毒だ。

（2000年／ジョセフ・ブラッターとその取り巻きを非難するとともに、自分の中毒も認めた）

29

エドガルド・コデサルは堕落したイッホ・デ・プータだ。

（2005年／‘90年イタリアW杯からすでに15年が経っているが、マラドーナの恨みは消えない）

30

ぼくはある種の考えを持つ理事たちとはケンカしたよ。ぼくは断固としてファンの側にいて、権力者の側にはいかない。だから、ファンはぼくに感謝するんだよ。

（2005年／クラブ首脳陣とファンとの意識の違いを訴えた）

代理人

31

ギジェルモ・コッポラが泣くのを見て、ぼくはもう打つ手がない。ぼくはもう死んでしまいたい。ギジェルモはぼくの体の一部だ。

（1996年／彼の代理人が麻薬所持の疑いで逮捕された）

32

コッポラはぼくの人生を救ってくれた。彼を悪く言うやつがいたら、そいつの口を裂いてやる。

（2000年）

33

コッポラはとても頭がいい、水の中でもタバコが吸える。

（2001年／彼の代理人の抜け目なさ、敏捷さを褒めた）

34

ぼくは死んだ。ギジェルモに人生を預けて、ずっと信頼してた。でも、コッポラはぼくをずっと騙していた。

（2004年／コッポラが影で横領していたことを知った）

35

コッポラがぼくの友達だったことは一度もない。ぼくのために働いてくれていると思ってたけど、実はぼくのためには何もやっていなかった。彼を誤解していた。ぼくは死んでしまいたい。こんな不誠実はありえない。彼はぼくの記念試合から100万ドルをくすねた。ぼくはその事実を知らなかった。

（2004年／マラドーナは元マネージャとの突然の決裂について、詳細を話

している。ブエノスアイレスで2001年に行われたマラドーナの記念試合で不正があった）

記者

36

ベルナルド・ネウスタドにはインタビューする相手を選ぶ権利があるという。ぼくは彼のようなやつにインタビューされたくないと言う権利がある。

（1980年／マスコミに対する彼の初めての反抗。ネウスタドは '70年代のアルゼンチンを支配した軍事政権に近い存在で、問題の多いジャーナリストだった）

37

腐った頭のアルゼンチン人記者がたくさんいる。ぼくには、ぼくのことでずっとくだらないことを書いてきたヤツラのファイルがある。何年かして帰国したら、ぼくはヤツラを探しに行くよ。ひとりひとり探し当てて、ケンカ売ってやる。

（1984年／新聞記者とギクシャクし始めた）

38

ウソをつく記者たちには、頭に焼印を入れてやる必要がある。

（1994年）

39

ぼくが次に戻ってきたときは、ひどいことが起こるぞ。

（1994年／多くの記者が家の周辺に殺到して、ディエゴがニューエルス・オールド・ボーイズを退団したのかどうか知りたがった。しかし、マラドーナは記者たちが張り付いていることが不愉快で、門のところまで出て行って記者に脅しの言葉を吐いた。数分後、マラドーナは実際に空気銃を持って出てきて、彼らに何度も発砲した）

40

軍部がやったことや、あとで彼らの罪が軽減されたことと比べれば、こんなのはちっちゃなことだ。そんなに憤慨するべきことじゃない。

(1994年／事件を沈静化させるための方便。アルゼンチンでは1976年から1983年にかけて、軍事政権下で3万人の市民が行方不明になった。その後のアルゼンチン政府は、連座した軍人たちに恩赦を与えた)

41

ぼくは自分自身、妻、それに娘たちをヤツラの弾から守るつもりだ。ヤツラはぼくをそおっとしておいてくれない。

(1994年／家の前の記者たちに発砲したことに関して自己弁護した)

42

ジミー・バーンズの小便は便器を外してる。

(1996年／『神の手』を書いた英国人ジャーナリストへの酷評)

43

「ディエゴ、日曜日に試合に行くのか？　バンコ〔ベンチ〕に座るのか？」

「うん。ぼくはお金を引き出すためにバンコ〔銀行〕に行くよ」

(1996年／記者の質問に怒って答えた。その週末の試合では控えに回る可能性があった)

44

ダメだよ、キミたち。今日ぼくがしゃべる言葉は電報より少ないよ。

(2001年／この日、記者と話すのを嫌がった)

45

キミたち、今日の試合をぼくのお別れ試合なんて騒ぐのはやめてくれよな。これは記念試合なんだ。わかった？　キ・ネ・ン・ジ・ア・

イなんだ！　もしお別れ試合なんて言ったら、ぼくはひとりひとりキミたちとボクシングしちゃうよ。

（2001 年）

46

もし代表監督になるのに、ロビー活動して、フェルナンド・ニエンブロのようなジャーナリストと話さなくてはならないのなら、諦めるよ。そんな役目は辞退する。

（2004 年／ AFA への影響力で知られるアルゼンチン人ジャーナリストへの批判。マルセロ・ビエルサの後任に誰を選ぶかということが大きな話題になったときの言葉）

47

ジャーナリズムには、ひとつのニュースで母親を殺してしまうような面もある。

（2005 年）

48

キューバにはジャーナリズムがない。政府公認の『グランマ』という新聞は、フィデル・カストロが気に入ることだけ書いている。それ以上のことは誰も何も言わない。

（2005 年／世に知られていないディエゴのキューバ批判）

49

テレビでは試合のピッチにいるみたいに気分がよかった。至福のときを感じたよ。

（2005 年／自分がホストとなったテレビ番組『10 番の夜』を終えてディエゴの感想）

マルセロ・ピエルサ：1963 年アルゼンチンのサンタ・フェに生まれる。プロサッカー選手としての経歴がないまま監督となった。アルゼンチンではニューエルス・オールド・ボーイズとベレス・サルスフィエルドで優勝。2002 年のワールドカップでアルゼンチン代表を率いるが、悲惨な結果に終わる。

capítulo 8

Compañeros, rivales, amigos, enemigos...

記念試合　2001 年、ボカ・ジュニアーズのホーム・スタジアム“ボンボネーラ”でディエゴの記念試合が行なわれた。アルゼンチン代表のユニフォームを来て、フアン・セバスティアン・ベロンやクラウディオ・ロペスなど若き“アミーゴ”たちと喜びを爆発させる。

第 8 章

仲間、ライバル、友人、敵……

世界のサッカーで史上最高のふたりはディエゴ・マラドーナとペレだった。どちらが一番かは議論があろう。アルゼンチン人にとっては、もちろん祖国のサッカー選手が最高だという気持ちであり、ブラジル人にとってはもちろんペレが階段の一番上にいる。1999年にFIFAがインターネットを通して行なった、20世紀最高の選手を決めるためのアンケートでは、マラドーナがより多くの投票を獲得した。しかし、どちらが上かという議論はそんなことでは終わらなかったし、たぶんこれからも終わることはないだろう。いつか、それがはっきりするということも難しいだろう。しかし、最も高い才能を持っていたのは誰かという議論は、いつもマラドーナとペレの間に集約されていく。

このふたりが遠い昔から現在に至るまで、いつだっていい関係じゃなかったということは誰も否定できない。1979年にふたりが初めて会ったときは、若いディエゴの方がわざわざブラジルに出向いていき、会談の終わりにふたりは抱擁で別れを惜しんだ。ふたりの間には強い友情が生まれたように見えたが、両者の巨大なエゴがすぐに絆を壊していった。もちろん、マラドーナは何も関係修復のために努力しなかった。むしろ、その反対だった。ディエゴはいつも体制派の人間に媚を売る人たちとケンカすることが好きであって、マラドーナにとってペレはその類のひとりだった。

少しずつ、互いの賞賛は脇にそれていった。そして互いを批判する言動が始まった。言葉の応酬はだんだん熱を帯びていき、まるで雪合戦のように激しさを増していった。そしてあるとき、突然、マラドーナはペレを憎み始めた。ペレの初めてのセックスの相手は男の子だったとか、彼を泥棒だと呼んでみたり、権力ににじり寄ったことや、お金に関して堕落していったことを

【ヨーロッパサッカーと南米サッカー】

このふたつのサッカーは異質であり、互いに補完的でもある。とくに近年、南米サッカーは選手の“生産”を専門とするようになり、より裕福なヨーロッパ市場がその選手を買って、毎週週末に彼らの素晴らしい試合を楽しむようになった。

しかし、代表レベルでは、当然のことであるが、南米がヨーロッパを実力で凌駕している。それはワールドカップでの優勝回数からも証明できる。これまで南米の国が9回優勝しているのに対し、ヨーロッパのそれは8回である。また、忘れてはならないのは、FIFAが選んだ史上最高のサッカー選手は、南米のペレとマラドーナなのだ。そして、次にヨーロッパで最も優れた選手と考えられているのはヨハン・クライフと、スペインに帰化したディ・ステファノであるが、後者は元々アルゼンチン人で、ヨーロッパに渡る前はリバー・プレートで何年もプレーしていた。

また、クラブのレベルでも、その劣悪な財政事情にもかかわらず、南米勢はヨーロッパのクラブに対等以上の戦いをしてきた。それを最もよく知っているのは日本人たちかもしれない。かつて日本で開催されてい

批判した。年月が流れても、いつまでもディエゴの執拗な攻撃は続いた。

そして、2005年の後半、突然、仲直りの兆しが見えた。ディエゴがホスト役を務めるテレビ番組『10番の夜』の放送がアルゼンチンで開始され、ペレが第1回目のゲストに招かれた。しかし、この“協定”はあまりに脆いものだった。番組でふたりは笑顔で再会し、抱擁し、互いにサンバとタンゴを歌ったりしていたが、ペレとマラドーナが互いに相手に好意を持っていたとは誰も感じなかった。むしろその反対だった。

実際、ディエゴは目にする多くのことをすぐに批判してしまう人だった。彼は政治家と物議をかもし、クラブの首脳陣とも、審判とも、記者たちとも、代理人たちともケンカした。もちろんサッカー選手とも監督とも揉め事を起こした。この章ではまさにそうした人たちと言い争うディエゴの言葉を集めてみた。ペレがマラドーナから最も攻撃を浴びせられた選手だったとしても、決して彼だけが標的となったわけではない。最近は、デビッド・ベッカムも最も激しい攻撃を受けた選手のひとりにランクインしてきた。ロナウドも当惑させられるような攻撃を受けた。そしてもちろん、ガブリエル・バティストゥータやオスカル・ルジェリといった、ディエゴと同世代のアルゼンチン人プレーヤーも例外ではなくなった。賞賛したかと思えば、すぐに攻撃が始まる。ディエゴの経歴書には友だちと敵がぎっしりと詰まっている。

彼のこの心の揺れは、彼の人生を通して最も重要なふたりの代表監督との関係に大きく左右されている。つまりセサル・ルイス・メノッティとカルロス・サルバドール・ビラルドだ。ディエゴは初めメノッティが好きだったが、

た「コパ・インテルコンティネンタル」（トヨタカップ）の歴史を見れば一目瞭然だ。さらに、それを引き継いだ2005年の第1回「世界クラブ選手権」でも、欧州チャンピオンズ・リーグの勝者リバプールを、南米コパ・リベルタドーレスの覇者サンパウロが破っている。

そして、サッカー自体の違いを言うなら、南米のサッカーがテクニック重視であるのに対し、ヨーロッパのサッカーは非常に戦術重視だ。南米の選手たちは、いわば個人技が得意だが、ヨーロッパの選手たちはパワーと組織だったプレーに力点を置く。そして、よく言われることだが、アルゼンチンとブラジルの選手はいつも見て楽しい“いい試合”をしようと懸命になるのに対し、イタリアやドイツの選手たちはまず結果に強くこだわり、自分のいいところを出すより、相手のいいところを潰すことに執着する傾向がある。もし両者をサーカスに例えるなら、ヨーロッパ人は指揮を執る団長であって、南米人たちは観客を喜ばせる曲芸師だと言っても大きな間違いにはならないだろう。

後に彼を憎み始め、そして再び彼を賞賛するようになった。ビラルドに対しても彼の気持ちは揺れ動いた。初めは、それまでの人生で知りあった人物で最高だと断言したが、後にビラルドの男気に疑問を抱くようになった。だから、ディエゴからメノッティやビラルドに浴びせられた言葉は、あるときは好意に満ち、あるときは悪意がぎっしりと満ち満ちていた。

結局、マラドーナの残した言葉には、逆に彼の複雑な人間性の全貌が見て取れる。いったん絆ができるとまるで家族のように心を開くが、相手に敵意やウソを感じると、気持ちが高ぶって何度でも繰り返し鋭い“口撃”を浴びせた。その激しさはまるで現役時代の彼の左足から繰り出されたシュートに似ている。

ペレ

01

ペレのことを死ぬほど知りたい。5分でいいよ。もし10分くれたら最高だ。

(1979年/ペレと初めて会う直前の言葉。結局、初めての会見は1時間半にもなった)

02

ペレはワールドカップ最高の選手だとわかったよ。ぼくは、それに出場できなかったけどね。

(1979年/ペレと会った日の感想。マラドーナはここでも'78年アルゼンチンW杯に出られなかった不満を言った)

03

ペレはサッカーをする神様だと思っていた。今、彼と会って、彼が人間でもあるということがわかった。

(1979年/ペレへの賛辞)

04

ペレはホモだ。

(1987年/ペレへの悪口はエスカレートし始める。関係は1979年の親善試合以降、悪化し始めた。友だちだったのに敵になってしまった)

05

ペレはFIFAの操り人形だ。ジョアン・アベランジェの使い走りだ。

(1991年/ディエゴはいつもペレが権力に擦り寄ることを批判した)

06

ペレの初めてのセックスの相手は男の子だった。

(2000年/ディエゴがなぜこんなことを言い始めたのか分からないが、言葉での攻撃は激しさを増していった)

07

ぼくが死んじゃって、天国でもサッカーができるとしても、ペレとはやりたくないね。

(2000年)

08

ローマでペレと抱擁したとき、彼に「アナタは2番になったけどどう思う」って聞きそうになった。でも聞いたら騒動になっちゃっただろうね。

(2000年／FIFAの20世紀最優秀選手の授賞式でのこと。FIFAは初め、インターネット投票で最高得票した選手に与えると言っていたが、5万2000票の大差でマラドーナが有利になったので、最終段階で方式を変えた。そして賞を2人で分かち合うということになった。マラドーナはいつも投票の“本当の”受賞者は自分だと言っている)

09

20世紀最優秀選手の投票でぼくが5万2000票の差で勝ってたってことは、ペレには耐えられないことだと思う。

(2001年)

10

ペレは尊敬する。でも、世界で2番目に偉大な選手としてね。

(2001年／ペレへの皮肉なコメント)

11

ペレと一緒にプレーするなんてことはありえなかった。ぼくは悪いヤツらと仲間になるのは好きじゃなかったからね。ぼくたちは水と油さ。ペレは選手のときから首脳陣に従順だと言われてたからね。ぼくはそれが気に入らなかった。彼のキャリアはいつもそんな感じだったよ。

(2001年／ディエゴはペレが権力者と常に親密だったことをいつも非難し

ていた）

12
ペレが初めての相手が若造だったことを認めれば、ぼくはドラッグをまだやっているかどうか、ちゃんと答えるよ。

（2001 年）

13
ペレは男の子たちとまだ性的関係を持っているの？

（2001 年）

14
それなら、ぼくはドラッグで破滅してた方がいいよ。ペレのように汚職のことで国会議員の前で宣誓するようなことはしたくない。ぼくは誰からも泥棒したことはないからね。

（2001 年／ペレがスポーツ大臣になるとき、贈収賄があったと疑われた）

15
誰が世界一のサッカー選手かって？　ペレ、それともぼく？　ぼくのママはマラドーナだって言っているよ。

（2005 年／繰り返される質問にうんざりして、ユーモアたっぷりに答えた）

デビッド・ベッカム

16
チョロ・シメオネがチョコレートを見せたら、ベッカムはそれを買っちゃった。

（1998 年／ワールドカップ決勝トーナメント初戦、アルゼンチン対イング

デビッド・ベッカム：1975 年ロンドン生まれ。マンチェスター・ユナイテッドのユースで育ち、1995―96 年のシーズンではレギュラーに定着し、プレミア・リーグ、FA カップを優勝した。1998―99 年のシーズンも再び 2 冠に輝き、チャンピオンズ・リーグも制した。2003 年レアル・マドリードに移籍。代表には 1997 年から選ばれ、'98 年、'02 年のワールドカップに出場している。

ランドの試合で、ベッカムは退場処分となった。シメオネがベッカムに荒っぽいファウルをしたあと、ベッカムは軽くキックを返してしまった。シメオネはひどく怒ったふりをして、ベッカムの退場を引き出した。マラドーナは、お菓子を見せられたら寄ってくる子どものようだとベッカムをあざ笑った。チョロはディエゴ・シメオネの愛称）

17

ベッカムはアルゼンチン戦で1点入れ、ベッカムマニアは言いたい放題だった。でも彼らはカップを持って帰れなかった。ぼくはまだベッカムマニアのグッズを買ってないので、東京の街に出て何か買おうと思う。

（2002年／ワールドカップが終わった直後、東京で。ベッカムがイングランド人だということと、サッカーと関係ないところで彼がブームになっていることが気に入らない）

18

リケルメはファンの心を揺さぶる偉大な選手だ。彼に足りないのは、ベッカムを取り巻いているあのマーケティングだ。でも、ベッカムはピッチの外でたくさんの広告に登場していても、ピッチの中ではまだ何も獲得してないし、試合を決める選手じゃない。

（2003年）

19

今のレアル・マドリードは無闇に襲い掛かる犬の集団みたいだ。この前の試合は恥ずかしかった。愚かなプレーをしていた。ベッカムはカメラマンのフラッシュを捜し求めて動いていたし、ロベルト・カルロスは自分がどこにいるのかわからない感じだった。どっち

ディエゴ・シメオネ：1970年ブエノスアイレス生まれ。まさにパワフルなサッカー戦士だ。2006年に現役引退し、ラシン・デ・アベジャネーダの監督に就任。現役時代はベレス・サルスフィエルド、ラシン・デ・アベジャネーダ、スペインのセビージャ、アトレティコ・デ・マドリード、イタリアのピサ、インテル、ラツィオでプレーした。'94年、'98年、'02年のワールドカップに出場し、アルゼンチン代表史上最多の105試合を戦った。

のチームも試合を早く終わりたがっていたし、あれはもうサッカーじゃないよ。

（2004年／レアル・マドリードがチャンピオンズ・リーグでバイエルン・レバークーゼンに負けた試合。ベッカムはサッカー選手というよりモデルみたいだったと揶揄した）

20

デビッド・ベッカムはすごくハンサムで女みたいだ。

（2004年）

21

ベッカムは右サイドでプレーすれば世界最高のミッドフィルダーだ。しかし、レアル・マドリードは彼にセンターでプレーさせようとしている。だから彼はいま調子が悪いんだ。

（2005年／ロンドンでの発言。地元メディアに社交的にふるまうディエゴがいる）

22

ぼくはロナウドやロナウジーニョ、ベッカムといった選手に自分との共通点を感じる。でもベッケンバウアーやプラティニには感じな

ロベルト・カルロス：1973年ブラジルのサンパウロ生まれ。ウニオン・サンジョアンでキャリアをスタートさせて、1993年にパルメイラスに移籍。1993年、1994年のブラジル全国選手権連覇に貢献した。1995年イタリアのインテルに、その翌年レアル・マドリードに移籍した。1996―97年にリーグ優勝を果たすと、その翌年はチャンピオンズ・リーグの優勝にも貢献した。ワールドカップは '98年準優勝、2002年優勝。

ロナウド:1976年ブラジルのイタグアイ生まれ。16歳でクルゼイロで頭角を現した。ワールドカップは'94年から2002年まで3回連続して出場し、ドイツW杯は4回目となる。'94年オランダのPSVに移籍しリーグ得点王。'96年バルセロナに移り再び得点王となる。翌年インテルでは“フェノメノ”（怪物）という愛称を授かる。2002年レアル・マドリードに移籍。

ロナウジーニョ：1980年ブラジルのポルトアレグレに生まれる。グレミオから2001年パリ・サン・ジェルマン、2003年にはバルセロナに移籍した。独特なリズムのドリブルやパスで天才の名をほしいままにしている。代表には1999年にデビュー、2002年韓国／日本W杯に出場した。

いね。彼等は現在のサッカーを牛耳る体制派の一部となって、仲間を守っていない。

(2005年／ディエゴはFIFAで働くふたりを批判した。面白いことにここではベッカムを反体制派に置いている)

ロナウド

23

バルセロナ時代のロナウドは誰も寄せ付けない最高の選手だった。現在の彼はチームに調和すらしていない。

(2002年／ブラジル代表がワールドカップを優勝して数日後のこと)

24

もしマーケティングの効果を考えたり、支援している企業のことを考慮して、ロナウドに大会最優秀選手賞を与えたいなら、ぼくはそれでもいいよ。まったく問題ない。でもそれはサッカーとは別のことだからね。

(2002年／ロナウドやFIFAへの不満に加え、ロナウドのスポンサー企業への批判も込められた)

ロナウジーニョ

25

ロナウジーニョは現在のサッカーで最も才能豊かな選手だ。テクニックとスピードを上手く融合しているのが強く印象に残っている。

フランツ・ベッケンバウアー：1945年ドイツのミュンヘンに生まれる。早くからバイエルン・ミュンヘンのユースで注目を浴びる。広い視野、パスセンスが評価を得て、'65年には代表に初召集された。'72年ユーロ、'74年ドイツW杯ではキャプテンとしてチームを統率し優勝に貢献。'90年イタリアW杯では代表監督として再び優勝を味わった

ミシェル・プラティニ:1955年フランスのジェフに生まれる。地元のクラブ、ナンシーでの活躍で注目され、'76年に20歳で代表デビュー。その後サンテティエンヌ、イタリアのユベントスでプレーし、1982—83年のシーズンからは3年連続でリーグ得点王に輝いた。ワールドカップは '78年、'82年、'86年と出場し、'98年フランスW杯では大会組織委員長を務めた。

それは彼がたぐい稀な頭脳を持っているからこそ可能なことだと思う。ボールが来るまえに、もう彼は何をしたらいいかわかっている。彼こそ比類なき選手だ。

(2005年)

26

ロナウジーニョは最高の選手だ。だって喜びを感じながらプレーしているんだから。

(2005年)

27

メッシとロナウジーニョのふたりは世界最高の選手だ。

(2005年)

アルゼンチン代表監督

28

セサル・ルイス・メノッティのバルセロナへの入団が決まったとき、やっと日が昇ったような気持ちだった。

(1985年／ディエゴが生涯、愛と憎しみを抱いたメノッティ監督への言葉。メノッティはアルゼンチン代表とバルセロナでマラドーナの監督となった。この時期のふたりはとてもいい関係を維持しており、それゆえ、ディエゴはメノッティの就任を喜んだ。しかし、数年後、ふたりの好ましい関係は壊れ、マラドーナはメノッティの敵であるカルロス・ビラルド監督と結びつくこととなる)

29

ある日、ぼくの子どもたちが「本当に偉大な人って、例えばどんな人？」って質問してきたら、ぼくは迷わず彼らに言うね。カルロス・サルバドール・ビラルドだってね。

(1986年／ビラルドはメキシコW杯優勝の監督)

30

セサル・ルイス・メノッティは、人間としてありえない存在だ。メルセデス・ベンツに乗って腕にはプレジデントブレスレッド付きのロレックスをしている。そんな共産主義者なんて、ぼくは好きじゃない。

（1987 年／彼が初めて代表に選ばれたときの監督がメノッティ。ビラルドのときと同じく、ディエゴの発言は、決別を思わせる激しい批判と、甘美な賛辞の間を揺れ動いた。実際、メノッティは左翼的な発言をしていたが、生活は派手だった）

31

最近、カルロス・ビラルドの気持ちがよくわからない。「カルロス、もっと落ちついて」って言ってやりたかった。彼は強い強迫観念に苛まれて、嫌だったね。ぼくはちょっと放っておいてほしかっただけだよ。何もかもぼくに押し付けないでほしい。そんなふうにやってたら、変になっちゃうだけだ。そんなにプレッシャーをかけられても、ぼくは困っちゃうし、疲れちゃうよ。

（1987 年／メキシコ W 杯でアルゼンチン代表を優勝に導いたカルロス・ビラルド監督への初めての抗議。こうした過剰な期待と激しい練習が、ディエゴを精神的にだんだん疲れさせた）

32

ビラルドはぼくをガッカリさせた。

（1990 年／アルゼンチン代表監督だったビラルドが、イタリアへ行くチームからホルヘ・バルダーノを外した。ビラルドはバルダーノに、イタリア W 杯での復活に間に合えばそれでいいから、クラブなどの試合には出ないで練習しているようにと要請した。しかし、本大会 1 ヵ月前になって、招集しないと決めた。バルダーノの 1 年間に渡る孤独なトレーニングは空しく終わり、ディエゴは友人の気持ちを察してこの決定に怒りをぶちまけた）

ホルヘ・バルダーノ：1955 年アルゼンチンのラス・パレッハス生まれ。ニューエルルス・オールド・ボーイズでアルゼンチン・リーグを優勝し、1975 年に 19 歳でスペインのアラベスに移籍。その後、サラゴサ、レアル・マドリードでプレーした。レアル・マドリードでは UEFA カップ連覇、リーガ連覇に貢献した。

33

ぼくは死んでもビラルドのディフェンダーだ。日毎に彼がますます美しく見えるほどだ。それに彼の鼻は小さくなったように思う。

(1991 年／監督への少しからかいとユーモアをまじえた賛辞。ビラルドは鼻が大きいことで有名だ)

34

‘78 年のワールドカップからぼくを外したメノッティに、絶対許しを請うたりしない。あの日、ぼくの家はまるで修道女の誓願式をやっているみたいだった。ママも兄弟も従兄弟も泣いていた……。あれは決して記憶から消し去ることのできない悲劇だ。

(1993 年／メノッティ代表監督は ‘78 年アルゼンチン W 杯に 17 歳のディエゴを召集しなかった。しかし、‘79 年のワールドユースと ‘82 年スペイン W 杯には召集した)

35

ビラルドよ、オマエを産んだのは娼婦だ。

(1993 年／当時リーガ・エスパニョーラのセビージャでビラルドは監督、ディエゴは選手だった。ブルゴス戦でビラルドがマラドーナを交替させたとき、ベンチに座るなりこう言って監督を激しく侮辱した。ロッカールームではさらに監督を殴ってしまった。もちろんビラルドの母親が娼婦だったわけはない。スペイン語では怒りをぶつけるときにしばしば “娼婦” が登場してくる)

36

この件は男としてビラルドと話し合わなくちゃならない。もし、ビラルドが男だとしたらだが。

(1993 年／マラドーナとビラルドはスペインのセビージャで再び同じチームになった。でもある試合でケンカとなり、マラドーナはビラルドを殴ってしまった。7 年前にビラルドを賛美していたマラドーナが、今、彼の男気に疑問を持ち始め、仲は険悪となってしまった)

37

監督になるための個人教授をしてくれるように、メノッティに頼もうと思う。

(1994年／アメリカW杯で15ヵ月出場停止処分を受けて、ディエゴはもうサッカーにかかわっていくには監督になるしかないと考えた。メノッティとはケンカや仲直りを繰り返していたが、やはり彼にとって、アルゼンチンユース代表、フル代表、そして、バルセロナでも指揮してくれたメノッティが一番頼りになった)

38

鼻鏡検査……、そして短髪。いつか代表選手たちがキンタマを掻き始めたら、パサレラはそれも切れって命令するに違いない。

(1995年／ふたりは'82年と'86年のワールドカップで共にプレーした仲だったが、今は相容れぬ関係だ。パサレラが代表監督になって、関係は壊れた。パサレラは代表監督として選手たちに、髪の毛を短くすることと、麻薬を使っているかどうかを調べる鼻鏡検査を受けることを要求した)

39

ぼくのキャリアで、誰が一番優れた監督だったか選ぶとしたら、メノッティだね。

(1996年)

40

ビラルドはガマンできない。今の彼はかつてないほど気が狂っている。

(1996年／ボカ・ジュニアーズで再び同じチームになった)

41

カルロス・ビアンチと通りで出会ったら、彼にツバ吐いてやる。

(1997年／ビアンチはベレス・サルスフィエルドとボカ・ジュニアーズの元監督で、日本ではコパ・インテルコンティネンタルで、'94年と'03年のミラン戦、'00年のレアル・マドリード戦を勝ち、3度の優勝に輝いている)

42

ビアンチは全くの文無しだった頃がある。でも、タイトルをいくつか獲ったら、もうぼくに挨拶すらしなくなった。すべて忘れちゃったんだ。昔、彼がヨーロッパにいたとき、謝礼を出すからと、ぼくにフランスで開くサッカー・スクールの開校式に来てくれと頼んできた。どこのクラブも彼を監督に呼ばなかったから、それが彼の唯一の収入になるはずだった。他はみんな成功しなかったからね。ぼくは自分で旅費を払って、フランスまで行って、一銭も請求しなかった。彼のサッカー・スクールの開校を祝い、子どもたちとサッカーをして、指導して、審判までした。でも、ビアンチはそのあと、二度と電話してこない。

(1997年／カルロス・ビアンチへの怒り。ビアンチはボカ・ジュニアーズ、ベレス・サルスフィエルド、そしてアルゼンチン代表の監督を歴任した。ディエゴによれば、ビアンチは'80年代の終わり頃、あまり運がなく、子どものサッカー・スクールを開いて食いつなごうとした。そして、宣伝効果を考えて開校式に個人的なつながりでマラドーナを呼んだ。しかし、後に、アルゼンチンで監督として成功すると、すべての恩を忘れた)

43

アルゼンチンのサッカーの歴史は、髪の毛の長い選手によって書かれていることを、パサレラは知る必要がある。パサレラは独裁者だ。

(1998年／当時のアルゼンチン代表監督、パサレラへの批判。'78年ワールドカップでアルゼンチンに優勝をもたらしたマリオ・ケンペスが長髪だったことを根拠にした発言)

カルロス・ビアンチ：1949年ブエノスアイレス生まれ。アルゼンチンのベレス・サルスフィエルド、フランスのパリ・サン・ジェルマン、ランス、ラシン・ストラスブールなどで活躍したFW。監督としてはアルゼンチンのボカ・ジュニアーズ、ベレス・サルスフィエルドで高い評価を得たが、ローマ、アトレティコ・デ・マドリードではいい結果を残せなかった。トヨタカップでは3回優勝を果たした。

マリオ・ケンペス：1954年アルゼンチンのベルビジェ生まれ。19歳でロサリオ・セントラルに入団し、1976年にはスペインのバレンシアに移籍。1976—77、1977—78年のシーズンは得点王に輝いた。ワールドカップは'74年ドイツ大会から出場している。'78年アルゼンチンW杯では地元優勝の立役者となった。

44

ベレスはアンドレア・ボセリが監督だったとしても、同じように勝ったさ。

(1998年／監督のマルセロ・ビエルサへの批判。ボセリはロマンティックな美しい歌を得意とする盲目の歌手。ベレスはアルゼンチンのチャンピオンに輝いたが、マラドーナはチームの優勝はひとえに選手たちのおかげだと言いたかった)

45

マルセロ・ビエルサは幸運なヤツだった。もし他の監督が日本のワールドカップで彼と同じ結果になっていたら、もうタイでも監督はできなかっただろう。

(2002年／アルゼンチン代表はグループリーグで敗退が決まった。しかし、ビエルサは引き続き代表監督の任にとどまった)

46

ホセ・ペケルマンには繊細な感受性と思いやりがある。それは、ぼくらの多くがプロになると忘れてしまうものだ。ホセはどうやったら子どもたちを引っ張っていけるのか、授業をしてくれたみたいだ。

(2003年／ホセ・ペケルマンの仕事を褒めた。2006年ドイツW杯でアルゼンチン代表を指揮するペケルマンは、これまでも、ユースのアルゼンチン代表監督としてすばらしい実績を残している。彼はカタールで1995年、マレーシアで1997年、アルゼンチンで2001年に開かれた20歳以下の世界選手権で監督としてチームを指揮し、優勝している)

47

ホセ・ペケルマンは確かにユースの大会でたくさん実績を積んでいる。でもアルゼンチンのフル代表というものは、何かとてつもなく

ホセ・ペケルマン：1949年ブエノスアイレス県生まれ。選手としては地味な経歴しかないが、1994年にユース代表監督に就任してからその手腕が認められた。20歳以下の世界選手権では、'95年カタール、'97年マレーシア、'01年アルゼンチンの大会で優勝した。そして、2004年にA代表監督に指名された。

大きなもので、彼がその監督として相応しいかどうかと問われれば、すごく大きなものが不足しているように感じてしまう。

(2004年/ペケルマンがマルセロ・ビエルサの後任に決まったとき、マラドーナは、ユース代表でしか監督経験がないことを理由に、彼の指名を疑問視した)

サッカー選手

48

ぼくのアイドル？　それはもちろんリカルド・エンリケ・ボッチーニだ。彼こそ卓越した選手だったよ。

(1976年/アルヘンティーノス・ジュニアーズでプリメラ・ディビシオンにデビューして2週間後。ボッチーニはアルゼンチンでは伝説の選手であり、インデペンディエンテ・デ・アベジャネーダのサポーターにとってはまさに特別な選手だった。十分に実力があったが外国への移籍経験はない。'84年のコパ・インテルコンティネンタルではリバプールを退け優勝した)

49

ボッチーニがピッチに入ってきたとき、ぼくは天にも昇る気持ちだった。彼と壁パスをしたとき、神様にパスを出しているような気になった。

(1986年/メキシコW杯準決勝のベルギー戦。ボッチーニが最後の数分で試合に入ってきて、ディエゴとパス交換した)

50

サンフィリポは売国奴だ。あいつはマラドーナがアルゼンチン人だということを忘れている。

リカルド・エンリケ・ボッチーニ：1954年ブエノスアイレス県生まれ。海外では知られていないが、非常にクリエーティブな選手で、インデペンディエンテのファンにとってはまさに神のような存在だった。

ホセ・サンフィリポ：1935年ブエノスアイレス生まれ。サン・ロレンソ、ボカ・ジュニアーズでプレーし、1958年、1962年のワールドカップに出場した。監督としてはあまり成功せず、その後、いわゆる“アンタッチャブル”な選手、例えばマラドーナのような選手への批判で、マスコミを賑わした。

（1990年／ホセ・サンフィリポがマラドーナよりペレの方がいい選手だと言ったときのディエゴの反応。サンフィリポは '62年のワールドカップに出場したアルゼンチン人フォワードで、引退後はマスコミで仕事をした。アルゼンチンではマラドーナよりペレが上手かったと言えば、異端扱いだ）

51

カニージャがゴールを入れたら、ぼくはあいつの口にキスしてやる。

（1995年／クラウディオ・カニージャはアルゼンチン代表の元フォワード。マラドーナとはボカ・ジュニアーズでも一緒にプレーした。ディエゴは彼の妻とは合わなかったが、ふたりはとても仲がよかった）

52

アルフォンセ、もう日焼けするのはやめろ！

（1995年／ボカ・ジュニアーズでの同僚、カメルーン人のフォワード、アルフォンセ・チャミへの冗談）

53

フリオ・トレサニにピッチで言ってやったんだ。おれはブエノスアイレスのセグロラ通りとラ・ハバナ通りの角、4310番の7階に住んでいるってね。おれとケンカしてヤツは30秒持つかな。トレサニなんて糞くらえだ。

（1995年／ボカ・ジュニアーズとコロン・デ・サンタフェの試合のあとの記者会見で、ディエゴは敵チームの平凡な選手、トレサニに決闘を挑んだ）

クラウディオ・カニージャ：1967年ブエノスアイレス県に生まれる。非常に速いFWだった。'90年のワールドカップではチームの決勝進出に貢献し、'94年、'02年のワールドカップでも代表に選ばれている。イタリアではローマとベローナ、アルゼンチンではリバー・プレートとボカ・ジュニアーズのユニフォームを着ている。

アルフォンセ・チャミ：1971年カメルーンのヤオウンデに生まれる。マラドーナと同じ時期にボカ・ジュニアーズでプレー。傑出した才能はなかったが、サポーターから非常に愛されたFWだった。ヨーロッパではデンマークのオデンセ、ドイツのヘルタ・ベルリンでプレーし、'94年、'98年のワールドカップにも出場した。

54

エリック・カントナにはぼくと同じ狂気、美しき狂気がある。ぜひ彼をぼくのチームに加えたい。

（1995 年／反逆的なイメージが強いフランス人サッカー選手への賞賛の言葉。マンチェスター・ユナイテッドでプレーしていたとき、野次ったファンにジャンピングキックを浴びせたことでよく知られている）

55

ケビン・キーガンはイングランドのサッカーを変えた。昔、彼らの試合は本当に変化がなくて、試合中も、選手たちはボールが飛行機で運ばれてくるのをじっと待っているみたいだった。

（1995 年／イングランド人サッカー選手への賛辞）

56

ドゥンガは舞台女優にでもなるべきだったんじゃない。彼はピッチの外ではあんなに男らしくないからね。

（1995 年／ブラジル代表キャプテンに対する侮蔑のコメント）

57

フリスト・ストイチコフは反逆児だ。ぼくは反逆児たちが大好きだ。

エリック・カントナ：1966 年フランスのオセール生まれ。攻撃のクリエーター、ストライカーとして独特な地位を築いた。フランスではそれほどの実績を残せなかったが、1992 年にイングランドのリーズに移籍してから実力を発揮。翌年マンチェスター・ユナイテッドに移り 1993—94 年、1995—96 年のシーズンはリーグと FA カップの 2 冠を獲得。1987 年に代表デビューしているが、ワールドカップとは縁がなかった。

ケビン・キーガン：1951 年イングランドのドンカスターに生まれる。リバプール、ドイツのハンブルガー SV で活躍した MF で、UEFA カップなど多くのタイトルを獲得した。しかし、ワールドカップではチャンスに恵まれず、'74 年ドイツ、'78 年アルゼンチンにはイングランドが出場できず、'82 年スペイン W 杯には出場したものの、すでに彼のピークは過ぎていて、1 試合しか出場できなかった。

ドゥンガ:1963 年ブラジルのイジュイに生まれる。インテルナショナル、コリンチャンス、バスコ・ダ・ガマ、サントス、イタリアのピサ、フィオレンティーナ、ペスカーラ、ドイツのシュツットガルド、日本のジュビロ磐田と、多くのクラブで献身的プレーを見せた。アメリカ W 杯ではキャプテンとしてブラジル代表を率い優勝。代表では 96 試合に出場。

(1996 年／ブルガリア人サッカー選手へのコメント。ストイチコフは当時バルセロナにいた)

58

マリアナ・ナニスはマリアナ・ナニス・デ・カニージャという名前であり、彼女は夫の行くところについて行かなくちゃいけない。その反対はありえない。

(1996 年／マリアナ・ナニスはアルゼンチン代表 FW、クラウディオ・カニージャの妻。アルゼンチンでは一般的に女性は結婚すると旧姓のあとに夫の姓を付ける。「デ」は「〜の」という意味だ。マラドーナとカニージャはいつも仲がよかったが、カニージャの妻はいつもマラドーナを下品で下層階級の人間だと見下していた)

59

みんなヨーロッパに行って、少しは成長してきた。でもラモン・ディアスは違う。彼は哀れな人間だ。せっかく日本へ行ったのに、その社会や文化を学ぶ時間を作らなかった。彼は誰よりも無知な人間だ。

(1996 年／ラモン・ディアスは '79 年の日本で開催されたワールドユースでディエゴと共に世界一に輝いた選手。後に横浜マリノスでプレーした)

60

ラモン・ディアスはサッカーを何も知らない。彼にとって２＋２＝３だ。勝つのが難しい試合になると彼は下痢するんだ。'79 年の決勝戦のハーフタイムでは縮こまって、ピッチに出てこようとしな

フリスト・ストイチコフ：1966 年ブルガリアのプロブディブに生まれる。ソフィアの CSKA からバルセロナに移籍した。審判や相手チームの選手と数え切れないほど問題を起こしたが、クラブでは UEFA チャンピオンズ・カップで優勝し、1994 年のW杯ではブルガリア代表のリーダーとしてチームを４位に導いた。

ラモン・ディアス：1959 年アルゼンチンのラ・リオッハに生まれる。移籍先ではいつもポイントゲッターとなり、いい働きをした。アルゼンチンではリバー・プレート、フランスではモナコ、イタリアではアベリーノ、ナポリ、インテル、そして日本の横浜マリノスで活躍した。1979 年のワールドユースではディエゴのチームメイト。

かったんだから。彼には強い気持ちが足りない。

(1996年／ディエゴは彼にサッカー選手としての精神力や勇敢さが足りなかったと指摘する)

61

確かにラモン・ディアスは何回もリーグで優勝している。でも、もしサルが燕尾服を着たとしても、サルはサルに変わりないからね。

(1997年／ラモン・ディアスはリバー・プレートで成功を収めた監督のひとりであり、とくに1997年には3冠に輝いた。しかし、ディエゴは批判を止めず、その成功をもってしてもラモンの真の本質はごまかせないと攻撃した)

62

ゲオルゲ・ハジは本当に悪質なヤツだ。'90年イタリアW杯ではぼくを後ろから故意に倒してきた。ぼくは残りの試合を、ずっとくるぶしの痛みと共に戦わなくちゃならなかったよ。

(1997年／ルーマニア人選手の悪質な反則に対する非難。イタリアW杯でアルゼンチンはルーマニアとグループリーグで戦ったが、ハジはマラドーナを激しく削った。マラドーナによれば、彼のファウルは悪意に満ちたものだったという)

63

ベン・ジョンソンは、妻の父親が初めてぼくに会ったときより気難しい顔をしている。

(1997年／マラドーナはソウル・オリンピックのドーピング検査でポジティブとなったベン・ジョンソンと個人的にフィジカル・トレーナーの契約を結んだ。ベン・ジョンソンはいつもひどいしかめっ面をしているが、マラドーナの義父も、初めて会ったときは自分より低い階層出身のマラドーナに

ゲオルゲ・ハジ：1965年ルーマニアのサチェレ生まれ。代表には1984年に18歳でデビュー、その後125試合で34得点を挙げて祖国の英雄となる。'90年イタリア、'94年アメリカのワールドカップに出場し、アメリカではベスト8まで残った。クラブは地元ステアウア・ブカレスト、スペインのレアル・マドリード、バルセロナ、イタリアのブレシアなどでプレー。ヨーロッパでは"東欧のマラドーナ"といわれた。

気難しい顔をして、心を開かなかった）

64

ベン・ジョンソンの隣を走ることは、ペロンと手をとって歩くようなもの、それか、エビータの頬にキスをするようなものだ。

（1997 年／彼のつかの間のフィジカル・トレーナーに対する賞賛。ペロンはアルゼンチンで人気のあった元大統領、エビータはその妻で元副大統領）

65

ホセ・ルイス・チラベルトは固い卵だ。

（1997 年／チラベルトもディエゴの敵のひとりだった。彼はいつもチラベルトのずんぐりした体型をからかっていた。固い卵とは胸よりお腹が太い人のこと）

66

タピオカを植えている人たちのひとり、チラベルトがまだ実現できていない唯一のことは、アルゼンチン人を文明化しようとしていることだ。

（1998 年／パラグアイ人ゴールキーパーへの反感。タピオカはパラグアイを代表する潅木だ。ここにはディエゴのパラグアイ人に対する差別感が見え隠れするが、ディエゴがチラベルトに言いたかったのは、アルゼンチンででかい口をたたくなってことだ）

67

マルセロ・サラス？　名前を聞くだけで気分が悪くなる。チリ人じゃ頂点にまで行くのは難しい。

（1998 年／当時リバー・プレートにいたこのチリ人フォワードは、ボカ・ジュニアーズとの試合でペナルティキックを外した。その試合の後、マラ

ホセ・ルイス・チラベルト：1963 年パラグアイのルケで生まれる。ゴールキーパーであったが FK や PK で多くの得点を挙げている。1996 年には 1 試合で 3 本の PK を決めたこともある。彼が有名になったのはアルゼンチンのベレス･サルスフィエルド時代で、1994 年のトヨタカップではこのチームでミランを破っている。'98 年フランスW杯と '02 年韓国／日本W杯に出場した。

ドーナはサラスへの侮辱の言葉を吐いた。この侮辱の裏には2つの意味が読み取れる。ひとつはリバー・プレートとボカ・ジュニアーズの間には非常に強いライバル意識があること、そしてもうひとつは、国家としてチリとアルゼンチンはいつも仲がよくないということだ。サラスは後にイタリアのラツィオとユベントスでプレーした）

68

マルティン・パレルモはスーパーに出かけても、そこでゴールしちゃうよ。

（1998年／ボカ・ジュニアーズのスター選手、パレルモへのユーモアと皮肉溢れる言葉。パレルモはかつてボカで活躍し、スペインのビジャレアルに買われていった。しかし、それほどゴールを挙げることができず、ベティスやアラベスを渡り歩いたのち、再びボカ・ジュニアーズに帰ってきた。2000年のコパ・インテルコンティネンタル（トヨタカップ）では、ボカの選手としてレアル・マドリードから2点挙げたが、2001年のコパ・アメリカのコロンビア戦ではPKを3度外した。ディエゴは、パレルモがこの時期非常に好調で、たくさん得点を挙げていたことを誇張して表現した）

69

何しろ、フェルナンド・レドンドとはボクシングの試合をしたかったね。あいつは勉強したいからってアルゼンチン代表の招集を断っておいて、その後、ドルが手に入ったからって、もう大学をやめてしまった。あいつはアルゼンチン最高のセンター・ミッドフィル

マルセロ・サラス：1974年チリのテムコ生まれ。ウニベルシダー・デ・チレでの活躍が認められ、1994年代表デビュー。'98年フランスW杯ではグループリーグ突破に貢献した。1996年アルゼンチンのリバー・プレートに移籍、1998年にはイタリアのラツィオに移り、1999—00年のシーズンではリーグとカップの2冠を達成した。

マルティン・パレルモ：1973年ブエノスアイレス県に生まれる。エストゥディアンテスとボカ・ジュニアーズではFWとして素晴らしい活躍をした。2000年スペインに渡り、ビジャレアル、ベティス、アラベスでもプレーしたが、あまりいい結果を出せずボカ・ジュニアーズに戻ってきた。

フェルナンド・レドンド：1969年ブエノスアイレス生まれ。アルヘンティーノス・ジュニアーズから1990年にスペインのテネリフェ、1994年にレアル・マドリードに移籍した。チャンピオンズ・リーグの優勝はレアル・マドリードで2度、2000年に移籍したミランで1度経験している。

ダーなのに、許せない。

(1998年／フェルナンド・レドンドはアルゼンチン人にしては珍しく何度も代表招集を断った。それゆえ、国内では彼を愛する人と憎む人が激しく言い合ったこともある。レドンドはカルロス・ビアンチ、アルフィオ・バシーレ、ダニエル・パサレラ、マルセロ・ビエルサといった4人の代表監督から召集をかけられたが、彼が実際に召集に応じたのはバシーレのときだけで、そのとき1994年のワールドカップを戦った。それ以外のときはいろいろな理由を持ち出して断った。マラドーナがここで言及しているのは、彼がまだ18歳で、ビラルドが初めて彼を召集したときのエピソードだ。レドンドは、「まず大学卒業を優先したいから」と言ってそれを辞退したにもかかわらず、数ヵ月後にはスペインのクラブからのオファーを受けてアルゼンチンを出て行ってしまった。ディエゴは彼がアルゼンチン最高のセンター・ミッドフィルダーだと認め、だからこそ辞退はすべきでないと主張した)

70

中田には気をつけろ。ぼくが見た限りでは日本人で一番いい選手だ。

(1998年／フランスW杯の初戦で、アルゼンチンはトゥールーズで日本との試合に臨んだ)

71

ライツィハーは世界で最も醜い選手だ。

(1998年／オランダ代表のディフェンダーに対して、プレーの美学がないことを嘆いた)

72

みんなマラソン選手のように見える最近のサッカーで、ギジェルモ・バロス・チェロットは20メートルしか走らないで、ハ

アルフィオ・バシーレ：1943年アルゼンチンのバイア・ブランカ生まれ。屈強で気性の激しいディフェンダーだった。ラシン・デ・アベジャネーダ、ウラカンでプレーしたあと監督となり、マラドーナがドーピング検査で追放された '94年アメリカW杯ではアルゼンチン代表を指揮していた。

ミハエル・ライツィハー：1973年オランダのアムステルフェールに生まれる。国内ではアヤックス、フォレンダム、グローニンゲン、イタリアではミラン、スペインではバルセロナでプレー。オランダ代表として '98年フランスW杯に出場。

アハア言ってる他の選手よりすごいサッカーをやってのける。

(1998年／アルゼンチン人FWへの賛辞と、最近の走ってばかりいるサッカーへの苦言。ギジェルモ・バロス・チェロットはほとんど走らないフォワードだが、必要は満たしているし、ここぞというときは敵より余裕を持ってプレーができている)

73

オスカル・ルジェリは飼い猫のミルクを奪った。

(1998年／元アルゼンチン代表ディフェンダーのルジェリへの悪口。飼い猫のミルクを奪い取るとは、最も立場の弱い人びとからモノを奪ったり、彼らを攻撃することを意味した)

74

ガブリエル・バティストゥータはポン引きだ。パサレラの注文どおりに髪の毛を切っちゃうなんて、ポン引きたちがやることだ。バティは長い髪の毛で300ゴールも挙げているのに。

(1999年6月／アルゼンチン代表監督、ダニエル・パサレラの理不尽な命令に噛み付いた)

75

ルジェリはタレこみ屋だ。彼がその気なら、ぼくは彼がすごく困る

ギジェルモ・バロス・チェロット：1973年アルゼンチンのラ・プラタ生まれ。国内でずっとプレーしたため国際的には知られていないが、ボカ・ジュニアーズでは絶大な人気を誇るFWだ。代表で10試合に出場したがレギュラーにはなれなかった。トヨタカップは3度出場して2勝している。

オスカル・ルジェリ：1962年アルゼンチンのコルドバ生まれ。代表ディフェンダーとして絶大な信頼を勝ちえ、'86年メキシコW杯を制したチームでも献身的プレーが光った。リバー・プレート時代はルーマニアのステアウア・ブカレストを相手に東京でトヨタカップを戦い、優勝した。スペインではログロネスとレアル・マドリード、イタリアではアンコナでプレー。

ガブリエル・バティストゥータ：1969年アルゼンチンのサンタ・フェ生まれ。代表で最多得点の記録を持つFWだ。彼の強烈なゴールは"バティゴール"と呼ばれている。ワールドカップは'94年、'98年、'02年と3回出場。国内ではニューエルス・オールド・ボーイズ、リバー・プレート、ボカ・ジュニアーズでプレーし、その後、イタリアに渡りフィオレンティーナ、ローマでエースストライカーとなった。

ような記事を送りつけてやる。トリゴリアの合宿でのこと、ママ・ドラのこと、そして彼自身についてだ。ママ・ドラが誰だって？若いオンナのことさ。もし彼がタレこみ屋なら、ぼくは彼以上にタレこみ屋になってやる。

（2000年／トリゴリアは‘90年イタリアW杯でアルゼンチンがキャンプを張ったイタリアの町。ルジェリがマラドーナの麻薬について話したことを怒り、マラドーナはカウンター・アタックに出た。ママ・ドラは娼婦だったといわれるが、この件はもうルジェリとマラドーナしか分からないことだ）

76

“ちっちゃな魔女”ベロンが、ぼくの問題についてプロテスタントの牧師みたいな口をきける立場か。彼にはガマンできない。

（2000年／メディアを通した新たなケンカ。“ちっちゃな魔女”はフアン・セバスチャン・ベロンの愛称。ベロンはあるメディアを通してディエゴの麻薬について意見し、ディエゴは取り巻きを替えたほうがいいと勧めた。しかし、ベロンもマラドーナと同じように夜遊びを楽しむのが好きだった）

77

ガブリエル・バティストゥータ、エルナン・クレスポ、フアン・セバスティアン・ベロンはひとつの部屋に押し込めておかなくちゃダメだ。衝突ばかりしてないで、互いに理解しなくちゃね。卑劣なことはもううんざりだ。ファンを喜ばせないと。

（2000年／代表選手の間でいろいろな問題が起きていたとき、マラドーナは‘86年のワールドカップのときのことを念頭に個人的な見解を述べた。‘86年のときも、大会を前にアルゼンチン代表チームの雰囲気はよくなかった。しかし、ある日、みんなでひとつの部屋にこもって、互いにとことん話し合って問題を解決していった。ここに名指しされた3人は、それぞれが考える問題をマスコミを通してしか語らず、互いに話し合おうという姿勢が

エルナン・クレスポ：1975年アルゼンチンのフロリダ生まれ。卓越した才能のFWだったが、ガブリエル・バティストゥータがいたために代表では控えに回ることが多かった。リバー・プレートでプレーしたあと、イタリアのパルマ、ラツィオ、インテル、ミラン、そしてイングランドのチェルシーと、常にビッグクラブでプレーしている。

なかったので、マラドーナの逆鱗に触れた）

78

ぼくがいつも選手のためにやってきたことを、フェルナンド・モネールはぜんぜんわかっていない。だから余計なことは言うな。ましてや、彼は日本に住んでいたんだし、アルゼンチン人が直面している現実を、もうすっかり忘れているみたいだからね。

（2001 年／元横浜マリノスのスキンヘッドの選手への辛らつな言葉。アルゼンチン人選手がストを行ったあと、両者はそれぞれ対立する意見を述べた。アルゼンチンの社会的、経済的現実は日本のものとはかけ離れており、ディエゴにとって、モネールの意見はまるで日本でサッカーを続けていて、アルゼンチンの現状を忘れてしまった者の意見だと感じられた）

79

世界最高の選手はリバウドだ。でも、ダレッサンドロにはもっと感服する。

（2001 年／ブラジル人のリバウドと、リバー・プレートからドイツのボルフスブルグに移籍したアルゼンチン人、ダレッサンドロへの賛辞。ダレッサンドロはドイツでは運がなかった）

80

ミシェル・プラティニにはプレーする喜びが足りなかったんじゃないかな。彼はあまりに生真面目だったよ。

（2001 年／ '80 年代の偉大なフランス人選手への言葉）

フェルナンド・モネール：1967 年ブエノスアイレス県に生まれる。特段の才能があったわけではないが、パワーが持ち味のディフェンダーで、サン・ロレンソ、ウラカンといったプリメラ・ディビシオンのチームで長く活躍した。その後、アトレティコ・デ・マドリードを経由して 1990 年に横浜マリノスに移籍した。代表経験はない。

リバウド：1972 年ブラジルのレシフェに生まれる。パルメイラスとコリンチャンスでプレーした後、ヨーロッパに渡った。バルセロナでの活躍が認められて 1999 年 FIFA が選ぶ世界最高の選手に輝いた。2002 年のワールドカップではブラジル優勝に大きく貢献したが、その後イタリアのミラン、ブラジルのクルゼイロ、ギリシャのオリンピアコスでプレーしたが精彩を欠いた。

81

バティストゥータのサッカーは闘牛のようだ。ゴールキーパーの壁を強引にぶち抜いてしまう。

（2001 年／かつてのアルゼンチン代表のエース、バティストゥータの強靭さを讃えた）

82

リケルメはバルセロナに行けばライオンの檻に入れられるだろう。

（2001 年／カタルーニャのクラブに移籍することになったリケルメにひと言。ディエゴは 1982 年から 1984 年にかけてバルセロナでプレーしたが、いい思い出がなかった）

83

オリバー・カーンは世界最高のゴールキーパーだ。ドイツは 1 点でも取れれば必ずチャンピオンになれると信じている。だって誰もカーンの壁を突き破れないからね。

（2002 年／ワールドカップ決勝戦を前にディエゴはこう言った。しかし、結果はディエゴの予想に反したものとなった。カーンはロナウドに 2 点入れられ、ドイツは敗れ去った）

84

パオロ・マルディーニは怪物だ。バロンドールに本当に相応しい選手は、ネドヴェドなんかより彼だ。あのチェコ人にはまだ少し足りないものがある。

（2003 年／バロンドールはフランスの雑誌『フランス・フットボール』が

オリバー・カーン：1969 年ドイツのカールスルーエ生まれ。バイエルン・ミュンヘンで長くゴールを守り、ドイツ代表でも史上最高のゴールキーパーのひとりに数えられる。2002 年のワールドカップ決勝ではロナウドに 2 点入れられ、優勝を逃す。

パオロ・マルディーニ：1968 年イタリアのミラノ生まれ。1985 年からミランでプレーし、ディフェンダーとしてイタリアサッカーでは生きた伝説となっている。代表デビューは 1988 年、すでに 126 試合を戦い、2006 年ドイツW杯に選ばれれば彼の 5 度目のワールドカップとなる。ミランではクラブ史上最多の 550 試合以上に出場しチームの象徴となっている。

年間最優秀選手に与える賞。ディエゴはチェコ人のネドヴェドより、イタリア人のマルディーニがその賞に相応しいと主張した)

85

今、サッカーの世界に残っている真の勇者で、ぼくを喜ばせてくれる数少ない選手にアレッサンドロ・デル・ピエロがいる。

(2003年/デル・ピエロのクリエイティブなサッカーに拍手を送った)

86

ぼくのアイドルはマイケル・ジョーダンだ。彼はアメリカ合衆国の大統領になるべきだ。

(2003年/アメリカのバスケットボール選手を褒め称えた)

87

アレッサンドロ・コスタクルタはすごくビビッていた。'90年ワールドカップのロベルト・ドナドーニみたいだ。

(2003年/ボカ・ジュニアーズとミランの間で戦われたコパ・インテルコンティネンタル決勝戦で、PK戦のキックを外したミランのディフェンダー、

パベル・ネドヴェド:1972年チェコ生まれ。2003年イタリアのユベントスでリーグ優勝し、その年のFIFAが選ぶ世界最高の選手となった。1994年プラハのスパルタでデビューし、イタリアのラツィオを経てユベントスに移籍した。代表では一度引退したが、昨年、欧州予選途中で復帰し、母国のドイツW杯出場に貢献した。

アレッサンドロ・デル・ピエロ:1974年イタリアのトレビゾの生まれ。若くしてロベルト・バッジョの後継者としてユベントスの10番を引き継いだ。1995—96年チャンピオンズ・リーグを優勝、トヨタカップでもリバー・プレートを下した。代表には'95年に20歳でデビューしたが大きなタイトルはまだ獲得していない。

アレッサンドロ・コスタクルタ:1966年イタリアのオラゴ生まれ。モンザでデビューして、1987年からはミランのディフェンダーとして活躍し、マルディーニとチームメートになってすでに19年が経つ。ワールドカップは'94年、'98年に出場している。

ロベルト・ドナドーニ:1963年イタリアのチザーノ・ベルガマスコ生まれ。アタランタでデビューし、ミランに移籍。多くのタイトルを獲得した。運動量の多いMFで、代表でも長くプレーした。1990年、1994年のワールドカップに出場し、現役最後はアメリカ、サウジアラビアのクラブでもプレーした。

コスタクルタを嘲った。ドナドーニも‘90年ワールドカップ準決勝（アルゼンチン対イタリア）でPK戦のキックを外したことがある）

88

カフーはぼくの親父の年齢なのにまだ走っている。ぼくにはそれが信じられないことなんだ。

（2005年／チャンピオンズ・リーグの決勝戦、ミラン対リバプールの試合を観て、ディエゴはブラジル人ディフェンダーの運動能力の高さに驚いた）

89

ジダンは体で損をしていることがある。彼はすごく背が高いので、2、3人の敵に囲まれたときに下をくぐれない。ロナウジーニョはそれができるし、ぼくもそれができた。でも彼には誰もかなわないボール支配力がある。彼の技術はすごく巧妙で熟達しているから、もし身長があと20センチ低ければ、さらに爆発的な力を手に入れていたと思う。

（2005年／ジダンへの惜しみない賛辞）

90

ラウール？　彼は天才だ。彼は10年以上も最高レベルでサッカーをしている。それに、レアル・マドリードにいることでの消耗や、

カフー：1970年ブラジルのサンパウロ生まれ。圧倒的なパワーとスタミナを誇る右サイドバック。1990年に代表入りして‘94年、‘02年のワールドカップの優勝を経験。サンパウロ、スペインのサラゴサ、パルメイラス、イタリアのローマ、ミランでプレーし、2000―01年のシーズンは念願のリーグ優勝を果たす。

ジネディーヌ・ジダン：1972年フランスのマルセイユ生まれ。カンヌ、ボルドーを経て、イタリアのユベントスに移籍。フランス代表として‘98年フランスW杯、2000年欧州選手権を優勝し、2001年からレアル・マドリードで活躍している。2001―02年はチャンピオンズ・リーグで優勝しトヨタカップも制した。

ラウール・ゴンサレス：1977年スペインのマドリードの生まれ。レアル・マドリードで17歳4ヵ月というクラブ最年少デビューを果たした。その年はリーグでも優勝。スペインの至宝といわれている。チャンピオンズ・リーグでは1997―98、1999―00、2001―02年と3度の優勝に貢献。代表でも‘98年、‘02年ワールドカップに出場した。

試合数の多さ、のしかかる責任を思うと、それは20年に相当する。

(2005年/スペイン人のラウール・ゴンサレスへの賛辞)

91

ぼくはサッカー中毒という点でジョージ・ベストと似ているような気がする。数ヵ月前、ぼくは非常に重い病気になり、死にそうになった。でも、奇跡が起きてそこから脱出できた。彼はサッカー選手としては、まさに魔術師だった。彼が魔術をかけているとき、ぼくはそれを見てたくさんインスピレーションを感じ、いいプレーができるようになった。

(2005年/マラドーナは元マンチェスター・ユナイテッドの名選手の死を悼んだ。ベストはディエゴと同様に、ピッチに入るとサッカーの名手だったが、社会にはうまく適応できない人間だった。彼は次第にアルコールに溺れていき、健康を害し、早い死を避けられなかった)

92

シルトンはしっかりそれを中に入れられちゃったよ。

(2005年/シルトンは '86年ワールドカップでイングランドのゴールキーパーを務め、マラドーナに2点入れられた。このディエゴの "中に入れてる" という言葉には二重の意味がある。ひとつはボールをゴールの中に入れたということ、そしてもうひとつは、征服者マラドーナにヤラれちゃったということだ)

93

ロビーニョは信じられない選手だ。

(2005年/レアル・マドリードの若きブラジル人への賛辞)

ジョージ・ベスト:1946年北アイルランドのベルファストで生まれる。1963年に17歳でマンチェスター・ユナイテッドでプロデビューし、1964—65、1966—67年にはリーグ優勝。1968年にはUEFAチャンピオンズ・カップを制した。ボディバランス、ボールコントロールは魔術のようであり、1967—68年のシーズンは28ゴールで得点王に輝いた。

94

ウェイン・ルーニーはぼくと同じキャラクターだ。彼もぼくと同じように貧しい町で生まれ育ち、同じように栄光への飢えがある。

(2005 年／イングランドの若きフォワードへの共感と賞賛)

ロビーニョ：1984 年ブラジルのサンパウロ生まれ。サントスでは非常に若いときから注目された選手だ。2005 年に 2500 万ユーロでレアル・マドリードに移籍。"銀河系" 軍団の仲間入りを果たした。ドイツ W 杯南米予選途中からブラジル代表のレギュラーにも定着した。

ウェイン・ルーニー：1985 年イングランドのリバプールに生まれる。エバートンでキャリアをスタートして、マンチェスター・ユナイテッドに移籍。ポルトガルのユーロ 2004（2004 年欧州選手権）で大活躍して、ドイツ W 杯でもイングランド期待の星だ。

capítulo 9

Proyectos

オックスフォード　1995年、オックスフォード大学の学生から圧倒的な支持を得て“夢の霊感を与えるマエストロ”の賞を授与された。

第9章

計画

ディエゴ・マラドーナはいつも頭の中に何かプランを持っていた。そのいくつかは、ほぼ実現可能なものだったが、他はほとんど全くたわごとのようなものだった。禁止薬物使用で 1994 年のワールドカップから追放されたとき、マラドーナは「彼らは子どもを脅すような感じだった」という言葉を残した。この場合の“子ども”はもちろんディエゴ自身だった。

マラドーナは自分を子どもだと思っていた。そう思うと、彼の風変わりな発想から生まれるプランの意味がわかってくるときがある。子どもは純真であり、夢見がちで、現実とあまりつながりを持っていないが、マラドーナはよくそういった面を見せていた。

彼の人生で非常に暗い時期だった 1997 年、「ぼくはナポリで全権を任されるのか？」とディエゴが言ったという。正気の人間なら誰も、マラドーナが選手としてプレーし、監督として指揮し、クラブの全権を任されるとは考えない。2004 年にはイラクとアフガニスタンを回りたいと言い出した。数年前はアフリカに行きたい、貧しい村を訪ね歩きたいと口にしていた。すべては奇抜な思いつきでしかなかった。

確かに彼の考えは向こう見ずなものだった。もちろん、そうしたアイデアは現実的なプランにまで至らないで終わった。しかしこうした奇抜な発想は、ある意味で天才たちがみんな持っている一面でもあった。サッカーをさせれば、確かにマラドーナは天才であったのだから。

01

ぼくは不可能な夢を持っている。レアル・マドリードで選手としてプレーすること、それに、バレンシアではロマーリオと、バルセロナではロナウドとプレーすることだ。それかディエゴ・シメオネやフアン・エスナイデルのいるアトレティコ・デ・マドリードでもいい。

（1996年／実現しなかった夢の数々）

02

レアル・マドリードでプレーするかって？　もちろんするよ。誰がこのチームでプレーしたがらないものか。

（1997年／現役最後の年。彼は世界最高のクラブのひとつ、レアル・マドリードでプレーする夢を持っていた）

03

ぼくはナポリで全権を任されるのか？　まずは会長になって、誰を監督にするか決めなくちゃね。で、もしぼくがプレーしなくちゃならないのなら、プレーしましょ。ぼくはこのチームのために働き、トレーニングを考えて、監督やコーチを助けて、何から何までやらなくちゃね。

（1997年／結局この“プラン”は実現しなかった）

ロマーリオ：1966年ブラジルのリオデジャネイロ生まれ。1980年からバスコ・ダ・ガマでプレーし、'86年のリオ州選手権では20ゴールを挙げて得点王になる。1988年にオランダのPSVに移籍して3年連続のリーグ優勝に貢献。1993年にはスペインのバルセロナで再び得点王になった。代表では'94年アメリカW杯で優勝に貢献した。

フアン・エスナイデル：1973年アルゼンチンのマール・デ・プラタ生まれ。レアル・マドリードとユベントスでプレーしたが、アルゼンチン代表には定着しなかった。フェロ、リバー・プレート、ニューエルス・オールド・ボーイズ、スペインのサラゴサ、エスパニョール、ムルシア、フランスのアジャクシオ、ポルトガルではポルトと、多くのクラブでプレーした。

04

アルゼンチン代表の次期監督になりたい。

(1997年／現在に至るまで、これが彼の最大の夢だ)

05

イングランドから3つのオファーが来ているから、内容を検討するつもりだ。でも、気をつけないとね。イングランド人は堅物だけど、油断のならないヤツらだから。

(1998年)

06

クウェート代表の監督になる大きなチャンスがある。妻のクラウディアや娘たちと相談してみるつもりだ。

(1999年／ディエゴのプランの中で最も馬鹿げたもの。生活習慣があんなに違う国でディエゴが生きていけるなんて誰が想像できようか。それにディエゴはまだ薬物中毒から脱却していない)

07

ぼくの夢はバルセロナを率いることだ。100人に可能性があるとしても、ぼくにもその1パーセントがきっとあって、残りの99パーセントが他の99人にある。でも、もしぼくにその可能性が本当に訪れたら、絶対手放さないよ。

(2000年／彼の名前が噂にあがったのは確かだが、首脳陣の誰かが公けに彼の名前を言ったわけではない。あくまでディエゴの希望が映し出されたコメントだとされる)

08

2001年には、ぼくはアフリカを回りたい。もちろん平和の使者として行くんだけど、白い服を着て大地にキスしたりしないよ。現地の村を回って話をいろいろと聞きたいんだ。

(2000年／法王はカトリック教会のしきたりに則り、新しい国で飛行機を降りると、地面にキスをしてその国の大地を祝福する。マラドーナはそんなことより、もっと人びとの苦しみに耳を傾けるべきだと言いたかった。もちろん、ディエゴの旅は実現していない)

09

バイエルン・ミュンヘンを相手に決勝を戦うなんて、イエス・キリストの隣にいるような気分だろうね。

(2001 年／ディエゴはすでに 4 年も公式戦から遠ざかっていたが、この年にブエノスアイレスではある噂が広まった。マラドーナが日本でのコパ・インテルコンティネンタル（トヨタカップ）にボカ・ジュニアーズの選手として出場するというものだった。もちろんこの噂は根も葉もないことだったが、ディエゴはかなりその気になって、こんな話をした)

10

ブンデスリーガのチームを指揮するかって？　もちろんありえるよ。

(2001 年／マラドーナは詳細を話さなかったが、ドイツのトップリーグのあるチームから監督就任を打診されたと言った。あまり信用できない話だ)

11

メキシコ代表の監督に招聘したいっていうオファーがあるんだ。今、検討しているところだよ。

(2001 年／事実かどうかはっきりしない話。マラドーナが自分の存在をアピールするために言っているだけではないかという人もいた)

12

ボカ・ジュニアーズがぼくに監督就任のオファーをしてきたら、ぼくは泳いでもアルゼンチンまで行くよ。

(2001 年／キューバのラス・プラデーラスの病院に入っていたときのこと。彼のボカへの愛着がにじみ出ている)

13

今年はイラクとアフガニスタンに行きたい。

(2004年／入院先の病院から抜け出して、ディエゴはあるテレビの独占放送に、数千ドルのギャラで応じた。このときの彼の姿は最悪であった。肥満して、ほとんど聞き取れない声で、うわごとを言っているような話しぶりだった。もちろん、イラクやアフガニスタンに行くというプランは実現していない。数日後、彼の家族はディエゴを精神病院に強制入院させた)

capítulo 10

Japón

ワールドユース　1979年に日本で開催されたワールドユースでアルゼンチン代表が優勝した。マラドーナにとって初めての国際タイトルであり、彼はキャプテンとしてトロフィを頭上に掲げた。

第10章

日本

ディエゴ・マラドーナにとって日本との関係は、非常に重要なものであり、同時にとても悔しいものであった。ディエゴはピッチの中では天才サッカー選手でも、外では問題の多い人間だった。ディエゴと日本を強く結び付ける3つの有名なエピソードは、ディエゴという人間の二面性をよく表している。

マラドーナは1979年に日本で開催されたワールドユースで、卓越したスポーツ選手として一躍脚光を浴び、世界的な人気者となった。間違いなく、彼の偉大なサッカー選手としての第一歩は日本での優勝だった。しかし、1994年に彼の入国を日本政府が拒否すると、彼の人間としての一面、つまり麻薬を常用している弱い人間としての側面が浮き彫りにされ、彼の人間性をめぐる議論が巻き起こった。このとき、彼の暗い側面はピークに達し、ある意味で凋落が始まったときでもあった。そして、2002年、ディエゴはすでに現役を引退していたが、どうしても日本でのワールドカップを観に行きたいと願い、再び入国ビザ申請を行った。しかし、初め日本政府は再び彼の入国ビザ発給をためらい、そのニュースは世界中でとりあげられた。彼にはまだ好ましい人間でないというレッテルが貼られていることを思い知らされたできごとであった。

1979年、日本で開催されたワールドユースでのディエゴの活躍は、彼の名前が世界に知られるきっかけとなった。しかし、彼にとってこれは一種のリベンジでもあった。その1年前の1978年に、ディエゴは祖国で開催され、祖国が優勝したワールドカップの代表招集を期待されながら、結局そのチームには入れなかった。彼はまだ17歳だったが、サッカー選手としての彼の経歴で、最も悲痛な出来事のひとつをここで味わうこととなった。

ディエゴがいるアルゼンチン・ユース代表は、ワールドユースで全試合をスペクタクルなサッカーで勝ち抜き、ディエゴは十分に存在感を示していた。アルゼンチンは大宮サッカー場でグループリーグを戦い、全試合を勝った。インドネシアに5－0、ユーゴスラビアに1－0、ポーランドに4－1だった。準々決勝から試合会場は東京の国立競技場になった。まずアルジェリアに5－0で勝ち、準決勝ではウルグアイを2－0で退けた。そして決勝ではソ連に3－1で圧勝した。時差があるため、この試合を見るためにはアルゼンチン国民は夜明け前に起きなくてはならなかったが、喜んでみんな早起きした。そして、セサル・ルイス・メノッティに率いられたこのチームは、大会の6試合全部を勝ち、心ゆくまでワールドユースを楽しんだ。

マラドーナはいつもあのときのチームこそ自分の人生で最高のものだと言った。あの時期はまた、マラドーナにとってもとても幸せな時期だった。彼は若く、まだ麻薬に手を染めておらず、才能豊かで、素晴らしいチームにも恵まれていた。

ディエゴは当時、サッカーのことだけを考える少年だった。まだ彼には物議をかもすような発言や行動もなかった。例えば、あの時期、後にディエゴの“敵対クラブ”に名を連ねることとなったペレやジョアン・アベランジェ、ローマ法王フアン・パブロ二世とも、まだ好ましい関係を維持していた。つまり、1979年のワールドユースは、サッカー選手としても、人間としても、彼が一番幸せだった時期の最も大きな出来事だった。

この章では主に、1991年、1994年、2002年と、彼が1979年に日本で味わった幸福感が消えうせた時期の言葉を集めた。

2回目、3回目のディエゴと日本の出会いは、まさに行き違いといえる。1994年、アルゼンチン代表はアメリカワールドカップに向けた準備のため、東京で日本代表と親善試合をする予定だったが、日本政府はマラドーナに対し、彼の麻薬の前科を理由に、入国ビザ発給拒否を通告してきた。そして、アルゼンチン代表の選手たちはマラドーナに連帯して、ディエゴなしでは日本へ旅立つことは絶対ありえないとし、試合は結局、キャンセルされてしまった。

実際は何年かのちに、またもうひとつの実現しなかった出会いがあった。2000年の暮れ、マラドーナのビザ申請が行われた。彼が生涯の愛を注ぎ続けるボカ・ジュニアーズとレアル・マドリードが東京で戦う、コパ・インテルコンティネンタル（トヨタカップ）を観戦するためのものだった。しかし、再びビザ発給は拒否された。

結局、ディエゴが日本を再び訪れることができたのは2002年だった。第3章でもディエゴと日本の関係に少し触れているが、この再訪も決して簡単なものではなかった。

このとき、マラドーナはすでに現役を引退していた。訪日の目的は2002年韓国／日本W杯の試合を観ることと、メキシコのテレビ局のコメンテーターとして活動することだった。しかし、ビザはまた1994年のときと同様に、日本政府に拒否された。彼の度重なる麻薬使用歴が再び障害になった。マラドーナはかつてないほど激しい怒りをぶちまけた。

「アメリカ人はかつて日本にふたつの原子爆弾を投下した。でも今、彼らは東京を自由に歩けている」

彼の当時の代理人であったギジェルモ・コッポラも、同じような例を挙げて非難している。

「これは恥ずかしいことです。日本人は広島に原子爆弾を落としたやつらを入国させていて、マラドーナはドラッグをやっていたからダメだという」

最終的に、日本への入国は突然許可された。すでにワールドカップは終幕に近づいていた。マラドーナは迷わず、麻薬中毒の治療を続けていたキューバを出て、日本に向かう飛行機に乗った。彼が日本に到着した日は決勝戦の前日だったが、彼は何とかブラジル-ドイツの試合を観ることができた。

しかし、日本に再び姿を現したディエゴ・マラドーナは、あの感動的なワールドユースのときの面影はなく、非常に太っていて、体力的にかなり弱っていた。彼を見た日本のファンはアッと驚いたことだろう。ある人は言葉につまったかもしれない。ディエゴのファンはこのとき、ワールドユースで世界を魅了した彼のサッカーが、もう決してピッチに戻ってくることはないんだと思い知らされた。

01

右足から飛行機を降りよう。ぼくたちはここでチャンピオンになるんだから。

（1979年／ワールドユースのために日本の空港に到着したとき、ディエゴはチームの仲間にこう呼びかけた。この“秘密の儀式”は効を奏してアルゼンチンは優勝した）

02

ぼくにとって最高のチームは、昔になるけど、1979年のワールドユースを優勝したアルゼンチン・ユース代表だ。あの日本の国立競技場で味わった喜びは最高だった。あんなにうれしかったことはない。

（1991年）

03

空から降る雨はいつか必ず止む。でも、ぼくに降る雨は止むことがない。

（1994年／アメリカワールドカップ直前、アルゼンチン代表は調整のために日本代表と東京で試合をする予定だったが、日本政府はディエゴの麻薬歴に言及して彼の入国ビザ発給を拒否した。アルゼンチン代表はディエゴが参加できないならと、来日をキャンセルした）

04

もしダルマとジャニンナがいなかったら、ぼくは首をつっていたよ。

（1994年／日本政府は彼に麻薬の前歴があるため入国ビザ発給を拒否した。アルゼンチン代表はワールドカップに向けた調整のため東京で日本代表と親善試合をする予定だったが、日本政府に反発して来日を取りやめた）

05

‘79年のユース代表はぼくの人生で最高のチームだ。

（1995年／すでに16年が経つが、マラドーナはつねに日本でのこの優勝を人生最高の喜びだと語っている）

06

日本でぼくの記念試合をしてくれるかもしれないっていうのは知ってるよ。

（2001 年／ブエノスアイレスでの記念試合のあとの発言）

07

ワールドカップで得をしたのは大きな国や日本だけだ。アルゼンチンには何もなかった。日本はベルギー戦でデビューだからね。

（2002 年／ FIFA への不満。グループ分けがヨーロッパの歴史のある国と日本に有利になり、アルゼンチンには不利に働いた）

08

ワールドカップを見に行きたいんだけど、日本人はぼくを入れてくれない。でも、いつかわかってくれると思う。誰も殺していないし。

（2002 年／日本政府が再び彼の麻薬歴を理由に入国ビザ発給を拒否した。ディエゴはキューバで入院しながらこの結果を聞いた）

09

思い出してほしいんだけど、アメリカ人はかつて日本にふたつの原子爆弾を投下した。でも今、彼らは東京を問題なく歩けている。ぼくは自分の体には悪いことしたけど、日本人を誰も殺しちゃいない。何でぼくが日本に入れないの。

（2002 年／マラドーナはどうしてもワールドカップが見たかった）

10

日本はフジモリを入国させている。殺人、密売、暗殺、横領と、あらゆることで告訴されているフジモリをだ。ペルーでひどいことをやったフジモリが日本に入って、日本で暮らしているのに、ぼくは入れない。それはね、わかっているよ、あいつがペルーでくすねた金をみんな日本に持っていったからだ。あいつが日本人なのは顔だけだ。中身は全部ペルー人だよ。

(2002年／アルベルト・フジモリは両親が日本人で、1990年から2000年までペルー大統領だった。彼の支持者たちは、大統領在任中にテロリストグループであるセンデロ・ルミノソを散り散りになるまで弱体化したことを評価し、反対者たちは、フジモリが自らの権力維持のために国会閉鎖、憲法停止を宣言し、国内の民主的組織を次から次へと弾圧していったことを非難した。そして、2000年に汚職容疑が取りざたされると、さっさと両親の祖国である日本に亡命し、日本政府も彼の戸籍を確認できたとして日本国籍を認めた。ペルー議会は“倫理的欠如”を理由にフジモリを罷免し、フジモリの引渡しを要求したが、日本政府に拒否されていた。マラドーナはいつもフジモリに批判的な立場をとっていた)

11

日本政府はフジモリを入国させただけでなく、今はペルーからの引渡し要求もはねつけている。ぼくはもう何も信じたくないね。もう、ぼくに正義とか公平な扱いとか言わないでほしいよ。

(2002年)

12

日本のファンに、ぼくは自分の最高のサッカーをプレゼントした。

(2002年／ワールドカップ決勝の試合を観るために、やっとディエゴは日本に行くことができた。ディエゴは空港に着いたとき、1979年のワールドユースの思い出に浸った)

13

何で日本に入国できなかったのって、ぼくの娘たちが訊くんだ。答えられなかったね。ぼくが何か悪いことをしたとしても、それはぼく自身に対してやったことで、日本人にした覚えはない。法律ばかりじゃなくて、人間についてもっと考えてほしい。

(2002年／日本での発言)

14

わずかな人たちかもしれないけど、ぼくがもうサッカーの歴史の一部になっているとして、ワールドカップに来ることを望んでくれた日本国民に感謝します。麻薬使用歴のある人を入国させないというあの法律は、愚かとまでは言わないけど、何かぼくにはバカらしいものに思えました。

(2002年／ディエゴは日本の国民と政府を分断しようとしている)

15

スポーツの王様であるサッカーが、今、日本でも野球と肩を並べているというのがうれしい。以前はこんな感じじゃなかった。

(2002年)

16

ぼくは無理やりにでも娘たちを1979年に勝利した場所に連れてくればよかった。日本への入国はすごく普通にできた。

(2002年／トラブルを恐れて、娘たちと一緒に来なかったことを後悔した)

17

フアン・バルバスと泊まった部屋まで思い出しちゃったよ。いろんなことがあったけど、その記憶は抜け落ちていなかった。

(2002年／東京に滞在し、ワールドユースのときの思い出がとめどなく甦ってきた)

18

もう中国人と日本人はうんざりだ。お金を払う約束をしたのに、彼らはそれを守らない。もういいよ。いつも彼らはこうだ。

フアン・バルバス：1959年アルゼンチンのサン・アンドレス生まれ。1979年のワールドユースのときはマラドーナとともに代表チームの中心選手だった。その後も‘82年のワールドカップに出場。クラブではMFとしてスペインのラシン、サラゴサ、イタリアのレッチェなどでプレーした。

(2003年／中国でのツアーで問題が起こった。マラドーナは彼らが約束したお金を払わないと怒り、ツアー主催者側はマラドーナが約束を果たさずにゴルフばかりしていたと怒った。彼はホテルに閉じ込もり、約束したお金を先に払ってくれなければ予定のイベントには参加しないと発言した。日本人とは全く関係ないことだが、マラドーナは興奮のあまり区別がつかなくなっていた)

Epílogo

Dijieron de Diego

ペレ　2005年、ペレはディエゴがホスト役を務めたテレビ番組「10番の夜」の初回ゲストとして出演した。ふたりは語り、歌い、そしてサッカーボールで妙技を披露した。

ディエゴへの言葉

終章

ディエゴ・マラドーナはあらゆるテーマについて語った。この本を読めばそれはわかってもらえると思う。しかし、当然のこととして、多くの人びともディエゴについて語った。大半は、単なるサッカー愛好家の無名の人びとの言葉で、友人同士の会話、職場の仲間との会話、家族の前での会話だ。しかし、著名な人びとも、メディアで有名になっている人びとも、人気者たちも、マイクの前でマラドーナについて意見を述べた。この章ではそうした政治家、サッカー選手、監督、芸術家、代理人、そして、非常に彼に近い人たちの言葉を集めてみた。

いったいマラドーナの人生がどんなものだったのか、彼の言葉や行動を通しておおよそ想像することができるが、彼について語られた言葉も有力な手がかりになる。アルゼンチンで最もよく引用された発言のひとつは当時のアメリカ合衆国大統領、ロナルド・レーガンの'80年代半ばの言葉だった。この元国家元首は、ディエゴがアメリカ人でなくアルゼンチン人であったことをとても残念がった。つまり、ディエゴが外国人である以上、彼のサッカーでの偉業を政治的に利用することができないからだ。世界最強の権力者であるレーガンが、マラドーナを自分の思うままに操ることができれば、"彼らに敵対する世界"の側に、いったい何が残るというんだ。

このセクションではディエゴの人生の薄暗い部分にも光を当てている。彼の人生で非常に疑問視される周囲の人たち、彼が側近に選んだ人たちの発言だ。例えば、ディエゴの影の部分を代表する人、ディエゴの私生活と非常に密接な関係にあったカルロス・フェロ・ビエラは、1997年ごろのことをその3年後の2000年にいろいろと語っている。例えば、ここに掲載

【アルゼンチンとカトリック】

アルゼンチン共和国は信教の自由を保障しているが、国家はカトリックの性格を事実上色濃く持っている。それは文化的、歴史的にカトリックの影響が非常に大きかったことを意味している。実際、中南米におけるスペインの征服とカトリックの布教は一体であり、アルゼンチンも建国以来、カトリック教会が絶大な力をもって君臨してきた。現在も、国家はカトリック教会に財政的支援をしており、神父たちの給料や年金も支給している。さらに公共の場所にはカトリックのシンボルが置かれ、ローマ教皇との間にはコンコルダート（宗教協約）が結ばれており、アルゼンチンにおけるカトリック教会の予算の約10%は国費で賄われることになっている。

アルゼンチン司教会議の調査によれば、アルゼンチン国民の77%が実際にカトリックの洗礼を受け、81%は自分がカトリックだという。しかし現実を見ると、少なくとも週に一度は教会に行くという人は、自分がカトリックだという人のわずか24%に過ぎず、40%の人はそれ以下の頻度で行き、35%の人は全く行かないと答えている。つまり、カトリックは宗教として国民から尊重されているものの、多くは宗教に

された発言にあるように、彼と、いかがわしいと見られていたその他の友人たちは、マラドーナがドーピング検査で不幸な結果になることを回避するために、彼に代わって尿を提出していたという。

また、フェロ・ビエラは、それができないとき、ディエゴがいつも使用していた麻薬の成分が検出されることを恐れて、検査する医師にこれを見過ごさせるために賄賂を使ったという。

また、サッカー選手としての彼の天才ぶりをただひたすら賛美した言葉もある。そのいい例は、メキシコW杯準々決勝のイングランド戦でのディエゴのプレーについてだ。彼がほとんどひとりで挙げた驚異的な2ゴール目のことだ。そのゴールは、FIFAによれば史上最も美しいゴールであり、一般的にもその評価は定着している。イングランドの選手たちも、その試合の審判も、その素晴らしさをはっきりと認めた。

実際、有名なペルーの作家で、いつもはサッカーについて語ることのないマリオ・バルガス＝ジョサも、マラドーナを語らないではいられなかった。彼は、多くの人びとがいつもディエゴについて語っていることに注目し、ディエゴを詩情豊かに「生きた神」と表現し、人間が祈り崇めるために創り出した神々の仲間に入れた。

マラドーナはいつも物議をかもす人、矛盾した人、解読不能な性格の持ち主、魔術師、魅惑的な人間、オンリーワンと、人によってさまざまに定義されている。きっと、こうした人びとの言葉を知ることで、私たちはマラドーナの知られざる、新しい一面を発見できるような気がする。

無関心で、宗教を実践していないということになる。この傾向は他の中南米諸国でも共通しているが、アルゼンチンの都市部ではそれが顕著である。

ちなみに、カトリックではないと答えた19%の人びとであるが、そのうち16%は無心論者ないしは不可知論者、2%はユダヤ教徒、0.6%はギリシャ正教徒、0.2%が交霊術信者、同じく0.2%がイスラム教徒と答えている。

01

坊や、ピッチに入って股抜きやってこい。

(1976年、アルヘンティーノス・ジュニアーズのフアン・カルロス・モンテス監督の言葉／“坊や”はディエゴのこと。マラドーナはこの試合でプリメラ・ディビシオン（トップリーグ）にデビューし、モンテスはまだ15歳のディエゴをデビューさせた監督として歴史に残ることになった。アルゼンチンではこの股抜きパスは、やられる側にとっては非常に屈辱的なプレーとなるが、マラドーナ“坊や”はピッチに入ると、ファーストタッチでモンテスの命令を実際にやってのけた。このときの対戦相手はタジェーレス・デ・コルドバだった)

02

だから手でゴールしたってことか。でも心配することはないよ。それは審判の問題だからね。

(1979年、ペレの言葉／ディエゴはすでにアルゼンチン・リーグの試合においても手を使ったゴールを入れていた。ペレはそれを反則と見るかどうかは審判の問題だからと、ディエゴを安心させた。面白いことにこの7年後、有名な“神の手ゴール”が生まれる)

03

自分が最高だなんて絶対信じるな。最高だと感じた日、もうオマエは最高の選手じゃなくなる。

(1979年、ペレの言葉／19歳の若いディエゴへの愛情深いアドバイス)

04

ディエゴはとても嫉妬深いの。私が愛犬を可愛がっても怒るんだから。

(1982年、クラウディア・ビジャファーニェの言葉／クラウディアは当時のディエゴの恋人で、のちに結婚して2人の娘を授かった)

05

ディエゴにとって、これが世界一の選手だとわからせる最後の機会だ。ここまでの彼は、自分がナンバーワンだと言うほど十分なトロフィを獲得していない。スペインW杯でのディエゴは悲惨で、あまりに過敏だった。彼は体当たりされたり、削られることに激しく文句を言いながらプレーしていて、ぼくは彼が最優秀選手だとはぜんぜん思えなかった。それに、プラティニ、ジーコ、ルンメニゲたちは彼よりもっと高いレベルでやってると感じた。確かに削られたら痛いよ。それはわかっているけど、あるレベルに達したら、それを避ける技術も身につけて、自分も強く行くことを覚えなくちゃね。

（1986年6月10日、ペレの言葉／メキシコW杯開催を数日後に控えてのコメント。ペレはマラドーナのサッカーの本当のレベルに疑問を感じていて、この言葉はディエゴを傷つけた。この発言から間もなくして、マラドーナはペレに反発するかのように、世界一のサッカー選手だということを試合で証明した）

06

これ以上はありえないというすごいゴールを入れられました。ワールドカップ史上最も美しいゴールだったと思います。

（1986年、メキシコW杯で得点王となったイングランド人選手、ゲーリー・リネカーの言葉／リネカーはあっぱれなことに敵ディエゴの美しいゴールを素直に認めた）

ジーコ：1953年ブラジルのリオデジャネイロ生まれ。フラメンゴで育ち、1975年に代表デビュー。'78年アルゼンチンW杯に出場し"白いペレ"との愛称を授かる。'82年スペインW杯ではファルカンなどと"黄金のカルテット"を組み、優勝を目指したが、2次リーグで敗退。1983年から'85年までイタリアのウディネーゼでプレー、'91年から日本リーグ2部の住友金属に所属。2002年より日本代表監督。

カール・ハインツ・ルンメニゲ：1955年ドイツのリップシュタット生まれ。1970年代から1980年代にかけてドイツを代表するプレーヤーだった。バイエルン・ミュンヘン、イタリアのインテルでプレーし、ワールドカップは'78年アルゼンチン大会から3回連続して出場。

ゲーリー・リネカー：1960年イングランドのレスター生まれ。イングランド・リーグ2部のレスターに入団し、クラブの1部昇格に貢献した。直後の1984―85年のシーズンで24ゴール、翌シーズンはエバートンに移籍して30ゴールを挙げ、2年連続の得点王。その後、バルセロナ、トッテナム・ホットスパー、名古屋グランパスで活躍。1986年メキシコW杯ではアルゼンチンに破れ敗退したが、その試合でも1得点し、大会得点王だった。

07

1本目のゴールはトリックだ。でも2本目は奇跡だ。

（1986 年、メキシコＷ杯のときのイングランド代表監督、ボビー・ロブソンの言葉／ワールドカップ敗退が決まった直後のコメント。１本目はハンドだったと文句を言ったが、２本目のゴールについて褒めることをためらわなかった）

08

マラドーナがやったことはすごくムカつく。

（1986 年、イングランド人選手、グレン・ホドルの言葉／ホドルはメキシコＷ杯でディエゴの“神の手ゴール”を同じピッチで見ていた）

09

私は、マラドーナがホルヘ・バルダーノにパスすることを願いました。

（1986 年、アルゼンチン代表監督、カルロス・ビラルドの言葉／彼はイングランド戦の２本目のゴールを楽しむことのできなかった唯一の観客だった。ディエゴがドリブルでファンを堪能させるより、左をフォローしていたバルダーノにパスしてほしかったと正直な気持ちを吐露した）

10

ディエゴに言ったんだ、このボールを持ってゴールしてこいってね。

（1986 年、アルゼンチン代表選手のエクトル・エンリケの言葉／センターライン付近でエンリケからディエゴにパスが渡り、ディエゴはドリブルし

ボビー・ロブソン：1933 年イングランドのラングリー・パークで生まれる。イングランドのフルハム、ウェスト・ブロムウィッチ・アルビオン、カナダのバンクーバー・ロイヤルズでプレー。監督となってスペインのバルセロナ、ポルトガルのポルト、スポルティング、オランダの PSV で成功した。‘86 年メキシコW杯ではイングランド代表監督だった。

グレン・ホドル：1957 年イングランドのヘイエス生まれ。ロンドンで最も人気のあるトッテナムでアイドル的存在だったが、一時期モナコ、スウィンドン、チェルシーでもプレーした。代表では ‘82 年、‘86 年の２度、ワールドカップに出場。‘98 年フランス大会ではイングランド代表監督だった。

エクトル・エンリケ：1962 年アルゼンチンのアドロゲ生まれ。ＭＦとして ‘86 年ワールドカップのアルゼンチン優勝に貢献した。国内ではリバー・プレートの中心選手だった。

てイングランド戦２本目になるゴールを決めた。このコメントの面白いところは、まだゴールエリアまで遠いのに、エンリケが「ゴールしてこい」と言ったことと、ディエゴがその気になって、５人もドリブルでかわしていったということだ。エンリケはユーモアを交えて、仲間のディエゴのレベルの高さを褒め称えた）

11

太っちょの宇宙人、どこの星から来たんだ？

（1986年、ジャーナリストのビクトル・ウーゴ・モラレスの言葉／これはモラレスが言い出したアルゼンチンでは有名な言葉。イングランド戦でマラドーナがふたつめのゴールを決めたとき、彼はラジオでこう言った。ゴールがあまりに美しかったので、ディエゴが果たして地球の人なのか、どこかの惑星から来た人じゃないかとおどけてみせた）

12

チームにマラドーナがいてもまったく問題ないよ。むしろ彼がいてくれてぼくたちはうれしいんだ。ぼくたちは彼のいいところ全部を吸い取っているよ。

（1986年、メキシコＷ杯で代表のチームメートだったホルヘ・バルダーノの言葉／当時、レアル・マドリードの選手だったバルダーノは、代表の他の選手の存在を希薄にして、マラドーナがひとり目立っていることに不満を感じる選手がいるなかで、同じチームにいることを誇りにした）

13

このような少年を利用できたらどんなに役に立つか……。彼こそ本物のランボーだ。痛みや苦しみも感じる生身のランボーだけど、すごい偉業を成し遂げた。

（1986年、アメリカ大統領ロナルド・レーガンの言葉／もしディエゴがアメリカ人だったら、彼らの政治的目的を達成するためにすごい利用価値があったのにと述べた）

14

もしマラドーナがベルギー人だったら、世界チャンピオンは私たちのものだったろう。

(1986年、ベルギー監督グイ・トゥイスの言葉／メキシコW杯準決勝、ディエゴが2ゴールを挙げてアルゼンチンはベルギーを破った)

15

もしマラドーナがトロントで生まれていたら、カナダがワールドカップ決勝でドイツと戦っていただろう。

(1986年、イングランドの選手、ピーター・ビアズレーの言葉／カナダはメキシコW杯で1点もとれず、グループリーグで3試合とも負け、敗退を決めた)

16

その夜、病院では11人の女性が出産しましたが、ディエゴは生まれた赤ちゃんの中でたったひとりの男の子でした。男の子だとわかったとき、みんなはまるでサッカーでゴールしたときのように叫びました。

(1986年、ラ・トタの愛称で親しまれるディエゴの母、ダルマ・フランコ・デ・マラドーナの言葉／ワールドカップでアルゼンチンが優勝したとき、トタは1960年のディエゴ出産のときのことを思い出した)

17

オー、マンマ・ミーア！　何でこんなに心臓がドキドキしてんのかわかるかい？　ぼくはマラドーナを見たんだ。すごいよ、マンマ！もうあいつにくびったけだよ♪

(1987年、ナポリのファンが好んでうたう歌)

18

マラドーナのようなチビが燕尾服を着ると、ペンギンの服を着たア

ピーター・ビアズレー：1961年イングランドのニューキャッスル生まれ。ニューキャッスル、リバプール、エバートン、マンチェスター・ユナイテッドといったビッグクラブを移り、代表では‘86年、‘90年のワールドカップを戦った。ゲーリー・リネカーのいい相棒だった。

ザラシみたいだ。

(1989 年、イタリアの新聞記事／ディエゴが結婚式で着た礼服を引き合いに出して、イタリアのマスコミが侮蔑的な記事を載せた)

19

彼は愚か者か、悪い人間です。

(1989 年、当時 FIFA の副会長だったジョセフ・ブラッターの言葉／ディエゴは '90 年ワールドカップのグループ分け抽選で不正があったとクレームをつけた)

20

ぼくは代表ではもうプレーしないよ。だってぼくはマラドーナの友だちじゃないからね。

(1990 年、ラモン・ディアスの言葉／横浜マリノスでもプレーしたことがある元アルゼンチン代表フォワードのディアスとマラドーナは一度もいい関係を持ったことがない。ディアスはアルゼンチン代表でプレーするにはディエゴの友達になる必要があったと不満をぶちまけた。'90 年イタリア W 杯でのラモン・ディアスの不在は寂しかった。彼は非常に調子がよかったが、代表には召集されなかった)

21

心にディエゴ、歌にイタリア。

(1990 年、ワールドカップでナポリのファンが掲げた横断幕／準決勝のイタリア対アルゼンチンはナポリで戦われた。ナポリの人びとは祖国代表を応援すべきか、ナポリの英雄に声援を送るべきか悩んだ。そして人びとは、イタリアのために歌うが、心はマラドーナのためにあると、複雑な気持ちを表現した)

22

ディエゴよ、ナポリはオマエを愛している。でもわかってくれ、イタリアはオレたちの祖国なんだ。

(1990 年、イタリアワールドカップで掲げられたメッセージ／多くのナポリ人はまるで父親を選ぶか、母親を選ぶかといった複雑な心境だった)

23

ディエゴは絶対ドラッグをやっていない。

(1991年、マラドーナの元代理人、ギジェルモ・コッポラの言葉/すでにディエゴのマネージャはマルコス・フランチになっていたが、コッポラは変わりなくディエゴの友人で、無条件でディエゴの無実を主張した)

24

ディエゴは自分の息子のようだ。父親が息子を守るように彼を守るつもりだ。

(1992年、当時のFIFA会長、ジョアン・アベランジェの言葉/こうした言葉にもかかわらず、マラドーナとアベランジェはうまくいっていなかった)

25

やめてディエゴ、やめてちょうだい。私を感電死させる気なの。

(1994年、あるテレビ局の記者、パウラ・トラパーニの言葉/ディエゴがニューエルス・オールド・ボーイズから突然退団したので、インタビューを求めて大勢の記者がマラドーナの家を取り囲んでいた。トラパーニはテレビ局のワゴン車の上に立ち、家の中のディエゴを映そうとしていたが、家の中からマラドーナに大量の水を浴びせられた)

26

マラドーナは水のないところのアザラシだ。

(1994年、イタリア司教会議でのあるコメント/ディエゴが繰り返しファン・パブロ二世を批判していることに反応した)

27

もしディエゴがドイツ人だったら、今回のワールドカップには出場していなかっただろう。これができるのは、アルゼンチン人の精神力とマラドーナの天才の両方を持ち合わせている者だけだ。

(1994年、元ドイツ代表選手で、当時の監督、ベルント・シュスターの言葉/アメリカW杯を前に、シュスターはディエゴがメキシコのときより体が絞られて、フィジカル面の素晴らしさを取り戻していることを賞賛した。

ヨーロッパ人の多くはアルゼンチン人選手たちの意志の固さとサッカーへの愛を認めている）

28

ディエゴ！　ディエゴ！

（1994年、アルゼンチン代表FW、クラウディオ・カニージャの言葉／‘94年ワールドカップのナイジェリア戦で、2点目が入る直前のシーン。カニージャはマラドーナにパスをよこせと叫び、直後にボールを受けてゴールした。アルゼンチンのテレビは、カニージャの叫ぶ声が入ったこのシーンを何百回と繰り返し放送した）

29

さあ、祈ろう。

（1994年、アルゼンチン・サッカー協会の理事であるエデュアルド・デルーカからフリオ・グロンドーナへの言葉／アメリカW杯のアルゼンチン対ナイジェリアの試合において、ディエゴが抽選でドーピング検査の対象に選ばれた。それを知ったふたりの間で交わされた言葉が放送で流された。デルーカの悪い予感は的中し、ふたりの祈りは役に立たず、検査結果はポジティブと出た）

30

ディエゴが使った唯一のドーピングは“心”のそれだった。

（1994年、フィジカル・トレーナーのダニエル・セリーニの苦しい弁明／アメリカW杯のドーピング検査の結果を受け、セリーニは責任回避を念頭に、ディエゴの無罪を主張した。しかし、彼こそディエゴに、そのとき検出されたエフェドリンを含むビタミン剤を与えていた人物だ。セリーニは愚かにも、ドーピングがあったとしたら、それは自らの血や、サッカーへの愛、情熱、やる気を注入したに過ぎないと説明した）

ベルント・シュスター：1959年ドイツのアウグスブルグで生まれる。1980年、20歳のときに欧州選手権でドイツ（西ドイツ）優勝に貢献した。スペインではバルセロナ、レアル・マドリード、アトレティコ・デ・マドリードと3大クラブでプレーしたが、1987年に移籍したレアル・マドリードでは3年連続のリーグ優勝を果たした。‘82年スペインW杯は本人が出場を辞退した。

31

私はマラドーナを潰すパルチザンじゃない。処分はこのワールドカップから追放されるだけじゃないかな。

（1994年7月2日、ジョアン・アベランジェの言葉／この発言の翌日にディエゴへの懲罰が15ヵ月の出場停止に決まった。つまり、アベランジェの言葉よりはるかに厳しいものとなった）

32

彼が出場停止になったなんて残念だわ。

（1994年、アメリカ人看護師のスー・カーペンターのコメント／ワールドカップのアルゼンチン－ナイジェリア戦の終了直後、彼女は看護師の制服を着てピッチに出て、ディエゴを探した。そして、彼の腕をとりドーピング検査室まで連れて行った。カーペンターはのちに、15ヵ月の出場停止処分という結果を知って悲しんだ。マラドーナにとってこれがワールドカップにおける最後の試合となった）

33

マラドーナは夢を諦めない人びとを励ますマエストロだ。

（1995年、オックスフォード大学の発表／ディエゴはイングランドの古い大学の街に招かれ、メダルを授与された）

34

彼に真実を言ってやるべきだったんだ。ディエゴ、お前は神様のようにサッカーが上手だけど、サッカーをする神じゃない。やっぱり人間でしかないんだって。

（1995年、メキシコW杯では共に戦い優勝に輝いたホルヘ・バルダーノの言葉／バルダーノはアルゼンチン人だがレアル・マドリードでプレーし、のちに監督、スポーツ・ディレクターも務めた）

35

時が経てば、サッカーのマラドーナ、詩のランボー、音楽のモーツァルトと並び称されることだろう。

（1995年、フランス人サッカー選手、エリック・カントナの言葉）

36

ディエゴは川の水を飲んで具合が悪くなったので、練習に行かなかった。

（1995年、マラドーナの代理人、ギジェルモ・コッポラの言葉／ボカ・ジュニアーズの練習を頻繁にサボるようになったディエゴをとっぴな言い訳でかばった）

37

ディエゴと私は一心同体だ。欠けているものといえば、まだ愛し合っていないということかな。

（1995年、ギジェルモ・コッポラの言葉／ふたりの関係にまだ亀裂はなく甘美だった。この数年後、マラドーナはコッポラが巨額のお金を横領したと告訴し、関係は完全に壊れた）

38

ときどき、ディエゴはクラウディオ・ポール・カニージャに恋しているんじゃないかって疑っちゃうわ。だって、長い髪の毛で筋肉がすごいでしょ？　彼を後ろから見て“クラウディータ！”って言い出しそう。

（1995年、アルゼンチン代表、ボカ・ジュニアーズでディエゴの盟友だったクラウディオ・カニージャの妻、マリアナ・ナニスの言葉／マラドーナとカニージャは非常に仲がよく、試合ではゴールのたびに抱き合って口にまで祝福のキスをし合っていた親友だ。しかし、マラドーナとマリアナ・ナニスはいつも折り合いが悪く、それゆえ、彼女は突然何を思ったか、ディエゴが夫に恋しているんじゃないかと言い出した。“クラウディータ”は、日本語にすると“クラウディアちゃん”といった響きがある。もちろん、クラウディアは、現在はすでに離婚しているが、ディエゴの愛妻の名前）

39

もしディエゴがこうしたことを話さなかったら、ディエゴじゃないよ。

（1996年、ギジェルモ・コッポラの言葉／コッポラによれば、ディエゴはいろいろなことを言って問題を起こしているけど、それがあって初めてディエゴは本当のディエゴになるんだという）

40

ディエゴは遺伝子因子的に奇跡だ。1世紀に4人か5人くらいしか出ないうちのひとりだよ。

（1996年、アルゼンチン代表でマラドーナと共にプレーしたホルヘ・バルダーノの言葉）

41

お父さん、いつになったらまたビデオのようにサッカーするの？

（1996年、ディエゴの次女、ジャニンナ・マラドーナの言葉／7歳のジャニンナはディエゴ全盛の頃の試合をビデオで観て、それが“生放送”ではなく、昔の父親だと理解した。ディエゴが絶頂だった頃、まだ彼女は生まれていなかったのだ）

42

マラドーナが何て言ってもかまわないよ。

（1996年、アリエル“ブリート”オルテガの言葉／代表の試合のあと、マラドーナは試合に出ていたオルテガのプレーをけなした。オルテガは彼を無視することでディエゴへの怒りをこらえた）

43

マラドーナのニューロンは粉々になっているんだよ。

（1996年、パラグアイ人元ゴールキーパー、ホセ・ルイス・チラベルトの言葉／彼はアルゼンチンのベレス・サルスフィエルドに在籍し、1994年には東京でイタリアのミランを破り、コパ・インテルコンティネンタルの勝者となった。彼はいつもマラドーナの麻薬服用を批判していた）

44

ふたつのリーグを作らなきゃね。ひとつは中毒の選手たちのリーグで、もうひとつは中毒になってない選手たちのリーグだ。

(1997年、ホセ・ルイス・チラベルトの言葉/チラベルトはベレス・サルスフィエルドでプレーし、マラドーナはまだボカ・ジュニアーズの選手だった)

45

マラドーナは銅像にだって感染させる力がある。

(1997年、マラドーナが所属していたボカ・ジュニアーズの監督、エクトル・ビエラの言葉/ビエラはこの言葉でディエゴのカリスマ性を強調したかった)

46

ディエゴがくると、もうそれはカーニバルだ。

(1997年、エクトル・ビエラの言葉/すでにディエゴはサッカー選手として疲れ切っていて、ピッチの外でスキャンダルにまみれることが多くなっていた。そして、引退が近づき、ボカ・ジュニアーズのチーム練習にもほとんど参加しなくなっていたが、突然練習場にやってきては仲間と一緒にボールを追って、チームを元気づけることがあった。ビエラによれば、そうしたときはチームがとても賑やかになったという。当時のマラドーナはサッカーより、夜のバカ騒ぎに時間がとられていた)

47

マラドーナは偉大な選手という以上の存在だ。人間が造った生きた神のひとりだ。

(1997年、『都会と犬ども』『ボスたち』『世界終末戦争』『子ヤギの祭り』などで有名なペルー人作家、マリオ・バルガス=ジョサの言葉)

48

潰されて、否定された彼を見るのは辛い。

(1997年、アルゼンチン人作家、エルネスト・サバトの言葉/マラドーナ

エクトル・ビエラ:1946年ブエノスアイレス生まれ。サン・ロレンソやウラカン、スペインのカディスなどで活躍したFW。監督としてはリバー・プレートとボカ・ジュニアーズで実績を挙げた。

が谷間のどん底にいるとき、『英雄たちと墓』『トンネル』『盲目者たちに関する報告書』などの著書がある高名な文学者が、心の痛みを訴えた)

49

マラドーナが私を腰抜けだと言ったって？　その言葉、全部彼に返してやる。彼こそ腰抜けだよ。生きるために興奮剤が必要なんだから。

(1997年、アルヘンティーノス・ジュニアーズのオスバルド・ソサ監督の言葉／ソサが率いるアルヘンティーノス・ジュニアーズと、マラドーナが先発したボカ・ジュニアーズの試合のあとの話。ソサはマラドーナの汚いプレーに怒り、審判に退場させろと試合中に盛んにアピールした。ディエゴは試合後、そのソサの態度が男らしくないと反発し、不満をぶちまけていた)

50

ディエゴとの友情は喩えようもない価値のあるものだ。彼は最高の人間であり、最高の友だちで、兄弟だ。

(1997年、ギジェルモ・コッポラの言葉／この数年後、彼はマラドーナの代理人を辞めた。マラドーナによればコッポラは100万ドル以上のお金を横領していた)

51

ディエゴ、キミがいないと視聴率が違うんだ。

(1997年、テレビ番組製作者のマウロ・ビアレの言葉／スキャンダルにまみれたマラドーナは、裏話が人気のバラエティ番組にゲストとしてよく出演していた)

52

ディエゴが他の選手たちと一緒に泊まっていたホテルの食事に、誰かがコカインを入れたんだ。コーヒーやクリームにかもしれない。

オスバルド・ソサ：1943年ブエノスアイレス生まれ。アルゼンチン・サッカーでは有名な人物だが、ビッグクラブの選手経験はない。のちにアルヘンティーノス・ジュニアーズの監督となって、若きマラドーナと出会う。

（1997年、ギジェルモ・コッポラの言葉／ディエゴが再びドーピング検査でポジティブとなり、代理人のコッポラがおかしなことを言い出した。誰かがマラドーナを陥れるためにコカインを盛ったというのだ。コッポラによれば、ディエゴは無実だった）

53

マラドーナは中等教育を終えていないが、オックスフォードで彼は表彰された。すべては可能なんだ。

（1998年、ギジェルモ・コッポラの言葉／オックスフォード大学がマラドーナを表彰したことを受けて、コッポラはディエゴには不可能はないと言った）

54

初めの何年かはディエゴの未来は約束されていた。でも、悪い仲間のせいで彼は道を誤った。

（1998年、U2のリーダー、ボノの言葉）

55

私はかつて、そして今も、将来も貧乏です。多くの人は私が経済的に救われるべきだと言っています。

（1999年、ディエゴのサッカー選手としての才能を発見したフランシス・コルネッホの言葉／ビジャ・フィオリートの空き地でサッカーをしていた8歳のディエゴを見て、コルネッホは彼を天才だと見抜いた。彼は父親のドン・ディエゴに会い、ディエゴをアルヘンティーノス・ジュニアーズに連れて行くことを承諾させた。このクラブはプリメラ・ディビシオンのチームで、すぐにディエゴの家族のためにブエノスアイレスに家を買い与えた）

56

ディエゴは歌うかわりにサッカーをした。そして、素晴らしいものを理解するのに難解な説明や神秘的なことなんて要らないって示すためにサッカーをした。

（1999年、サパティスタ軍のリーダーであり副司令官のマルコスの言葉／

メキシコの革命家である彼は常にマラドーナの崇拝者だった。マラドーナの素晴らしいプレーは、シンプルでかつ普遍的であり、一瞬にして人びとの心に届くと賞賛した）

57

2本目のゴールのすぐあとじゃ彼を祝福することはできなかったけど、試合が終わったとき彼に言ったんだ。「すっごくブラボーだった」ってね。

（1999年、チュニジア人審判、アリ・ベナスールの言葉／彼は'86年メキシコW杯のアルゼンチン-イングランド戦で審判を務めた。審判としては異例なことだが、彼は試合が終わるとマラドーナに近づいて祝福の言葉を伝えた）

58

2本目のゴールをイングランド相手に決めたときは、サッカーの歴史で最も創造的で感動的で詩的な瞬間だった。

（1999年、スペイン人ジャーナリスト、サンティアゴ・セグロラの言葉／スペイン語圏で最も優れたスポーツ・ジャーナリストといわれるセグロラのマラドーナに対する賛辞）

59

マラドーナがベルサーチで買い物してたんだって。でも、買ったのは最悪の服よ。

（1999年、カニージャの妻、マリアナ・ナニスの言葉／確かにマラドーナはベルサーチでよく買い物をしていた。マリアナ・ナニスはマラドーナにいい服を見るセンスがないことをあざ笑い、彼が上品ぶっても悪趣味だとけなした）

60

マラドーナは戦う人だ。住人がみんな泥棒するこの国では、人びとにとっていい模範だ。

（1999年、アルゼンチン人作家、エルネスト・サバトの言葉／この作家は麻薬に立ち向かうディエゴの終わりなき戦いを褒め称えた。しかし同時に、アルゼンチンでは彼が稼いだというお金も疑われていることを仄めかした）

61

マラドーナは下層出身のデブだ。悲惨な町で生まれたくせに、大金を手にしたら、もう貧乏人を仲間と思っていない。

（2000 年、アルゼンチンで最も貧しい人たちを代表する政治家、カルロス・サンティジャンの言葉／マラドーナが悲惨な生活をする人びとへの愛と連帯を失っている、極貧の幼少時代を過ごしたのに、金持ちになったらそれを忘れていると糾弾した）

62

ドーピング検査でディエゴがポジティブになるのを防ぐため、代わってギジェルモ・コッポラと私が何回か小さなフラスコに尿をしていたのを知ってますか？

（2000 年、マラドーナの側近のひとり、カルロス・フェロ・ビエラの告白／ビエラもコッポラもアルゼンチン社会ではいい評判を得ていなかった。どちらもマラドーナにとって悪い仲間だと見られていた）

63

医者たちとは話をつけていて、準備万端だった。われわれはディエゴを守るために彼らにお金をばら撒いた。

（2000 年、マラドーナの側近だったカルロス・フェロ・ビエラの告白／サッカー選手としてのディエゴ晩年の出来事。側近の中で薬物を使っていない者が代わって尿を提供し、ディエゴがドーピング検査でポジティブにならないように細工していたことを認めた）

64

アイツはアルゼンチンのナンバーワン中毒者だ。

（2000 年、ホセ・ルイス・チラベルトの言葉／マラドーナの“病気”に対するパラグアイ人ゴールキーパーの新たな攻撃）

65

誰もが人生の間違いを告白している。誰も神にはなれない。私はマラドーナを裁く立場にはない。私だって欠陥はある。私は一度だってディエゴと問題を起こしたことはない。いつも、私と問題を起こしたのは彼の方だ。

(2001 年、マラドーナの記念試合に招待されたペレの言葉／ペレはマラドーナとの間で繰り広げられた批判の応酬を、もう忘れたいと望んだ)

66

ディエゴはペレよりちょっと上かな。私はディエゴの方がリードしていると思う。

(2002 年、フランス人クラック、ジネディーヌ・ジダンの言葉／ 20 世紀世界最高のサッカー選手は誰かと問われて)

67

ジダンがサッカーボールでやったことは、ディエゴならミカンを使ってでもできる。

(2003 年、フランス人の元天才サッカー選手、ミシェル・プラティニの言葉／プラティニは同じフランス人のジダンよりディエゴに高い評価を与えた。サッカーボールよりミカンを操ることの方が難しい)

68

お父さんに恋人を紹介するとき、私は怖くて震えたわ。

(2004 年、マラドーナの長女、ダルマ・マラドーナの言葉／娘たちの身の回りを、マラドーナがいつも嫉妬深く警戒していたことがよく伝わる言葉だ。ダルマは父親の好ましくないリアクションを恐れたが、ディエゴは意外にもその若者を暖かく歓迎したという)

69

私のお父さんの血を吸うのはもうやめて。

(2004 年、マラドーナの次女、ジャニンナ・マラドーナがテレビ番組製作者のマウロ・ビアレに浴びせた言葉／マラドーナが入院していたとき、テレ

ビの噂番組で長々と彼の健康状態を話しているのを聞いて、腹を立て、悲嘆に暮れた彼女が、その番組製作者に怒りをぶつけた）

70

初めの何日かは私たちの腹を殴ったり脅したりしていました。ですから、彼をベッドに縛り付けなくてはなりませんでした。

（2004年、マラドーナを治療した精神科の医師たちの告白）

71

ぼくはブラジル人だからペレが好きだ。ただ、昔はマラドーナがサッカー選手としてぼくのアイドルだったけどね。彼は史上最高のサッカー選手だった。

（2005年、ロベルト・カルロスの言葉／レアル・マドリードのディフェンダーも祖国の英雄よりディエゴを選んだ）

72

ベッカムかマラドーナかって？　絶対マラドーナだ。

（2005年、イングランドのポップシンガー、ロビー・ウィリアムスの言葉／同じイングランドのスターよりマラドーナの方が好きだと公言した）

73

マラドーナは他の選手とは違っていた。ペレより上だったよ。イタリアでは、ナポリでまさに社会的な変革までやってのけた。

（2005年、アレッサンドロ・デル・ピエロの言葉／誰が史上最高のサッカー選手かと訊かれて、マラドーナを選んだ。マラドーナがナポリでやり遂げた“奇跡”は、イタリアでは今も生々しく記憶されていている。ナポリはマラドーナを迎えて、リーグを2回優勝し、コパ・イタリアとUEFAカップをそれぞれ1回優勝した。マラドーナが去ってから、ナポリは二度と優勝していない。それどころか降格を味わい、今は3部リーグで戦っている）

ディエゴ・マラドーナ年譜

1960年10月30日
父ディエゴ・マラドーナ、母ダルマ・サルバドーラ・フランコの5番目の子どもとしてブエノスアイレス南部、ラヌスで生まれる。

1961年1月5日
カトリック教会において洗礼を受ける。

1970年12月5日
プリメラ・ディビシオンのアルヘンティーノス・ジュニアーズのユースチーム“ロス・セボジータス”と契約。

1976年10月20日
アルヘンティーノス・ジュニアーズ対タジェーレス・デ・コルドバの試合で後半にジャコベッティと交替し、プリメラ・ディビシオンにデビューを果たした。試合は0－1で敗れる。

1976年11月14日
サン・ロレンソ・デ・マール・デル・プラタ戦でプリメラ・ディビシオン初ゴール。試合は5－2で快勝。

1977年2月27日
ボカ・ジュニアーズのホームスタジアムで行われたハンガリー戦でアルゼンチン代表デビューを果たす。アルゼンチンが5－1で勝利。

1979年6月2日
グラスゴーでのスコットランド戦で代表初ゴール。アルゼンチンは1－3で勝利。

1979年7月7日
日本で開催されたワールドユースの決勝戦でソ連を3－1で破り優勝。

1981年2月22日
ボカ・ジュニアーズの選手としてデビュー。対戦相手はタジェーレス・デ・コルドバ、試合は4－1で勝利し、ディエゴは2得点した。

1981年8月16日
ボカ・ジュニアーズでアルゼンチン・リーグを制覇。

1982年6月4日
1000万ドルでスペインのバルセロナへ移籍。

1982年7月2日
スペインW杯2次リーグのブラジル戦で退場処分を受ける。アルゼンチンも敗退した。

1983年6月4日
バルセロナでコパ・デル・レイ（スペイン国王杯）を制覇

1983年9月24日
バルセロナ対アスレティック・デ・ビルバオの試合でアンドーニ・ゴイコチェアのファウルを受け踝を負傷。復帰まで106日かかる。

1984年6月30日
イタリアのナポリに800万ドルで移籍。

1985年10月18日

ユニセフの大使に指名される。

1986年6月22日

メキシコW杯のイングランド戦で今も語り継がれる2本のゴールをあげる。1本目が“神の手ゴール”、2本目が“ワールドカップ史上最高のゴール”となった。

1986年6月29日

アルゼンチンはメキシコW杯決勝で西ドイツを3－2で制し、マラドーナはキャリアの頂点を極める。

1987年4月2日

長女のダルマ・ネレア誕生。

1987年5月10日

ナポリでリーグ優勝。イタリアで初めてのタイトルを獲得。

1989年5月16日

次女のジャニンナ・ディノラ誕生。

1989年5月19日

ナポリでUEFAカップのチャンピオンに輝く。

1989年11月7日

ブエノスアイレスでクラウディア・ビジャファーニェと豪華な結婚式を挙げる。

1990年4月29日

ナポリで2度目のリーグ優勝。

1990年7月8日

2度目のワールドカップ決勝に挑むも、西ドイツに0－1で敗れる。ディエゴはメダルを受けるときに号泣。

1991年3月17年

ナポリ対バリの試合後、ドーピング検査でコカインがポジティブと出る。

1991年4月8日

イタリア・サッカー連盟の規律委員会はマラドーナに15ヵ月の出場停止処分を下す。ディエゴはアルゼンチンに帰国する。

1991年4月26日

コカイン吸飲を理由にブエノスアイレスの警察に逮捕される。

1992年9月22日

出場停止処分が解けて、スペインのセビージャに750万ドルで移籍。

1993年6月13日

セビージャで最後の試合。マラドーナは監督のカルロス・ビラルドを侮辱し、暴力をふるった。

1993年9月9日

ニューエルス・オールド・ボーイズ・デ・ロサリオに入団。公式戦6試合に出場。

1993年11月17日

アルゼンチン代表に復帰。アメリカW杯出場権をかけたオーストラリアとのプレーオフに出場。

1994年2月2日

自宅を取り囲む記者に対し散弾銃で発砲。2人が軽傷。

1994年6月25日

アメリカW杯のナイジェリア戦を2－1で勝利するが、直後のドーピング検査でエフェドリンがポジティブとなる。アメリカW杯から追放される。

1994年8月24日

FIFAはマラドーナに対し15ヵ月の出場停止処分を下す。

1994年10月3日

デポルティーボ・マンディユー・デ・コリエンテスの監督となる。しかし、1試合にしか勝てず、2ヵ月後に退団。

1995年1月6日

ラシン・クラブの監督になるが、4ヵ月後に辞任。

1995年9月26日

アメリカW杯での処分期間が終わり、ボカ・ジュニアーズに選手として入団。4日後に韓国との親善試合でプレーした。

1995年11月6日

“夢の霊感を与えるマエストロ”の栄誉をオックスフォード大学から受ける。

1997年10月25日

この日のボカ・ジュニアーズ対リバー・プレートの試合が彼の最後の公式戦となる。この何週間か前にドーピング検査でポジティブとなっていたが、処分決定まで出場が許されていた。

1999年12月20日

アルゼンチン記者クラブがアルゼンチンの“20世紀最高のスポーツ選手”としてディエゴを選出する。

2000年1月5日

プンタ・デル・エステで心臓発作を起こして入院。

2000年1月13日

キューバに渡り、麻薬中毒の治療を受けるために入院。

2000年12月13日

FIFAは“20世紀最高の選手”としてペレとともにマラドーナを選出した。

2001年10月16日

ボカ・ジュニアーズのホームでマラドーナの記念試合。ディエゴは代表ユニフォームで出場。

2003年12月

クラウディア・ビジャファーニェと離別。

2004年4月18日

麻薬の影響で病気を再発。ブエノスアイレスの病院に緊急入院。

2004年5月9日

再度、同じ病院に緊急入院し、数日後に精神病院に強制的に転院させられる。

2005年2月25日

コロンビアで胃の縮小手術を受ける。数ヵ月間で55キロの減量に成功し、コカイン依存からすでに脱却していることを明言した。

2005年8月15日

彼自身が指揮をとり、ホストを務めるテレビ番組『10番の夜』が始まる。

クラブ試合出場記録

シーズン	チーム	リーグ	出場数	得点
1976-77	アルヘンティーノス・ジュニアーズ	ARG(A)	11	2
1977-78	アルヘンティーノス・ジュニアーズ	ARG(A)	49	21
1978-79	アルヘンティーノス・ジュニアーズ	ARG(A)	35	26
1979-80	アルヘンティーノス・ジュニアーズ	ARG(A)	26	26
1980-81	アルヘンティーノス・ジュニアーズ	ARG(A)	45	43
1981-82	ボカ・ジュニアーズ	ARG(A)	40	30
1982-83	バルセロナ	SPA(A)	20	11
1983-84	バルセロナ	SPA(A)	16	11
1984-85	ナポリ	ITA(A)	30	14
1985-86	ナポリ	ITA(A)	29	11
1986-87	ナポリ	ITA(A)	29	10
1987-88	ナポリ	ITA(A)	28	15
1988-89	ナポリ	ITA(A)	26	9
1989-90	ナポリ	ITA(A)	28	16
1990-91	ナポリ	ITA(A)	18	6
1992-93	セビージャ	SPA(A)	26	5
1993-94	ニューエルス・オールド・ボーイズ	ARG(A)	6	2
1995-96	ボカ・ジュニアーズ	ARG(A)	11	3
1996-97	ボカ・ジュニアーズ	ARG(A)	13	4
1997-98	ボカ・ジュニアーズ	ARG(A)	6	2

＊ ARG ＝アルゼンチン、SPA ＝スペイン、ITA ＝イタリア、カッコ内はカテゴリーを表す。

ワールドカップ出場記録

1982 年スペイン大会　　5 試合 2 得点（2 次リーグ敗退）
1986 年メキシコ大会　　7 試合 5 得点（優勝）
1990 年イタリア大会　　7 試合 0 得点（準優勝）
1994 年アメリカ大会　　2 試合 1 得点（ベスト 16）
（21 試合出場 8 得点）

訳者あとがき

この本は2005年にアルゼンチンで出版された『Diego Dijo』Las mejores 1000 frases del “10” de toda su carrera 『ディエゴは語った——自らの人生について“10番”が語った1000の言葉——』(Marcelo Gantman - Andrés Burgo 編、DISTAL社刊)の日本語版である。アルゼンチン・サッカーの英雄であるディエゴ・マラドーナがこれまでマスコミに語った「言葉」を、さまざまなデータベースや、新聞、雑誌のバックナンバーから丹念に拾い集め、それをテーマ別にくくって一冊の書物にした。これまでディエゴ・マラドーナについて書かれた本はいろいろとある。しかし、ディエゴ自らが語った「言葉」を集めて、その時代ごと、局面ごとに、ディエゴがどのように考えていたのかを知ろうとする試みはこれが最初だろう。

この本の一つひとつの「言葉」の中には、時として、彼の一瞬の他愛ない感情しか見えないかもしれないが、この本を読み終えると、奇妙なことにディエゴ・マラドーナという人間の輪郭がはっきりと見えてくるような気がする。ディエゴがさまざまな事件や人物に投げつけた「言葉」は、大きな鏡となってディエゴをはっきりと映し出している。そこにはアルゼンチンが、そして世界のサッカーファンが愛した天才フトボリスタ(サッカー選手)のディエゴもいれば、矛盾だらけで、エゴイスティックで、弱々しいディエゴもいる。そして、よく見れば、その鏡のすみにはディエゴの時代、そしてあの時代に人々が熱狂したサッカーが映し出されているではないか。

日本語版は原書とは大きく体裁を変えている。まず、紙幅の関係から日本語版の「言葉」の数は約半分に減った。その代わり、日本の読者に理解を深めてもらうためにスペイン語版にはなかった解説を各章の冒頭に入れ、「言葉」のあとに説明文を書き加えた。また、アルゼンチンという国を紹介するための「トピック」をつくり、文章に登場してくるサッカー選手に関して脚注を付けた。この作業は編者のアンドレス・ブルゴと訳者が行ない、「トピック」の一部は編集者が書いている。

ディエゴ・マラドーナについては賞賛する人もいれば嫌悪する人もいる。しかし、この本のディエゴは原寸大のディエゴで、彼は素直な気持ちでサッカーのこと、家族のこと、クスリのことを語っている。そこには良くも悪くも人間らしいディエゴの姿があって、故郷フィオリートで一生懸命忘れ物を探しているようなディエゴがいる。読者が、この本で新しいディエゴに出会い、あの時代のサッカーの空気を少しでも感じてもらえれば幸いである。

潤田順一

【編者紹介】
マルセロ・ガントマン
1965年2月26日ブエノスアイレス生まれ。アルゼンチンの有力紙に記事を書く一方、高視聴率を誇るラジオ番組『クアル・エス』のプロデューサーとしても活動している。FIFAワールドカップ、オリンピック、F1、デヴィス・カップ、テニス4大大会など、世界のさまざまなスポーツイベントの取材も精力的に行っている。本書は、'94年アメリカW杯記者席で、涙しながら"マラドーナ追放"のニュースを聞いたときから温めていた彼のプロジェクトだ。

アンドレス・ブルゴ
1974年8月20日ブエノスアイレス生まれ。マラドーナの"神の手ゴール"が生まれたメキシコW杯のときは、まだ11歳の少年だった。大学卒業後はラジオ、新聞などのメディアで活動し、アルゼンチン最大の日刊紙『クラリン』でボカ・ジュニアーズ特集担当編集者、総合スポーツ誌『エル・グラフィコ』のサッカー担当記者などを経験。現在はマドリードに在住し、『クラリン』などアルゼンチンのメディアのヨーロッパ通信員を務める。また日本のスポーツ誌にも記事を書く。

【訳者紹介】
潤田順一（うるた じゅんいち）
1952年東京生まれ。週刊誌などのフリーライター、スペイン語翻訳者。翻訳書に『発禁カタルーニャ現代史』（現代企画室1990年、共訳）、著書に『勃興のベトナム』（中央経済社1995年）などがある。

マラドーナ！

永遠のサッカー少年"ディエゴ"が話すのを聞いた

発行……………………… 2006年5月30日　初版第1刷3000部
定価……………………… 1600円＋税
編者……………………… マルセロ・ガントマン／アンドレス・ブルゴ
訳者……………………… 潤田順一
装丁……………………… 本永惠子
発行所…………………… 現代企画室
発行人…………………… 北川フラム
住所……………………… 〒101-0064 東京都千代田区猿楽町2-2-5-302
Tel. 03-3293-9539／Fax. 03-3293-2735
E-mail : gendai@jca.apc.org
http://www.jca.apc.org/gendai/
印刷所…………………… 中央精版印刷株式会社
ISBN4-7738-0606-0 C0036 Y1600E